重庆工商大学财经文库
CHONGQING GONGSHANG DAXUE CAIJING WENKU

电子商务交易业态研究

On E-commerce Transactions Industry Trend

李红霞　栗丽历　著

西南财经大学出版社
Southwestern University of Finance & Economics Press

图书在版编目(CIP)数据

电子商务交易业态研究/ 李红霞,粟丽历著. —成都:西南财经大学出版社,2015. 9
ISBN 978 -7 -5504 -2142 -4

Ⅰ. ①电… Ⅱ. ①李…②粟… Ⅲ. ①电子商务—产业发展—研究—中国 Ⅳ. ①F724. 6

中国版本图书馆 CIP 数据核字(2015)第 209880 号

电子商务交易业态研究

DIANZI SHANGWU JIAOYI YETAI YANJIU

李红霞 粟丽历 著

责任编辑:王 利
助理编辑:魏玉兰
装帧设计:杨红鹰
责任印制:封俊川

出版发行	西南财经大学出版社(四川省成都市光华村街 55 号)
网 址	http://www. bookcj. com
电子邮件	bookcj@ foxmail. com
邮政编码	610074
电 话	028 -87353785 87352368
照 排	四川胜翔数码印务设计有限公司
印 刷	四川五洲彩印有限责任公司
成品尺寸	148mm ×210mm
印 张	7. 125
字 数	180 千字
版 次	2015 年 9 月第 1 版
印 次	2015 年 9 月第 1 次印刷
书 号	ISBN 978 -7 -5504 -2142 -4
定 价	48. 00 元

前言

中国的电子商务从2007年起开始进入飞速发展的阶段，尤其是在B2C（Business to Consumer）、C2C（Consumer to Consumer）为代表的网络零售业的崛起，其年均增长率高达70%，扩张速度惊人。国家"十二五"计划把电子商务作为产业结构优化升级、转变区域经济发展方式的战略重点，明确提出要积极发展电子商务产业，电子商务正如雨后春笋般快速发展。自1997年至今CNNIC（China Internet Network Information Center，中国互联网络信息中心，简称CNNIC）已成功发布了36次全国互联网发展统计报告。CNNIC第34次统计报告对我国网民规模、结构特征、接入方式和网络应用等情况进行了连续的调查研究。

"十二五"期间，我国经济发展面临资源环境约束增强、产业结构不合理、投资和消费关系失衡等重大问题。加快发展电子商务，是企业降低成本、提高效率、拓展市场和创新经营模式的有效手段，对于优化产业结构、支撑战略性新兴产业发展和形成新的经济增长点具有非常重要的作用，对于满足和提升消费需求、改善民生和带动就业具有十分重要的意义，对于经济和社会可持续发展具有愈加深远的影响。

电子商务平台上商家之间存在着"单点竞争"和"多点竞争"，卖家之间的销售策略以及相互之间的博弈也愈发激烈。移动平台的迅速发展和完善使得越来越多的企业必须选择移动电子商务的路径和模式，这也成为主流或主导模式。电商产品的交易各方除了价格及其相关因素的博弈外，信用也被看作影响彼此收益的重要因素之一。余额宝、微信理财通、京东白条等都显示着移动互联时代的信用价值和收益存在非常密切的博弈关系。中国移动给用户国际漫游也推出了可透支信用额度。这些交易都显示出信用与收益之间有着密切的关联。研究移动商务环境下交易信用与收益之间的业态发展有着重要的现实价值和理论意义。

本书由李红霞总体策划和统稿。第1、3、5、7、8章主要由李红霞撰写，第2.1、2.2、8.2、9章（节）主要由粟丽历撰写。本书还得到了电子商务及供应链系统重庆市重点实验室项目（2013ECSC0103）、重庆市教委科学技术项目(KJ1400631)、重庆市教委人文社会科学项目（14SKH07）、重庆市社会科学培育项目（2013PYGL11）、重庆市高等教育教学改革项目（133077）、重庆市高等教育学会项目(CQG13C307) 的资助，在此表示衷心感谢！撰写本书过程中我们参考了大量国内外文献，在此，也向相关作者表示衷心感谢！

由于作者水平有限，书中不足之处在所难免，恳请专家和读者批评指正。

李红霞

2015年7月

内容简介

本书从中国互联网发展现状、中国网络购物及网上支付现状、农村电子商务信息基础设施建设现状、中国电子商务存在的问题等方面研究了中国电子商务交易环境现状。利用模型研究和求解了电子商务交易中商家与商家之间收益的多维博弈；从信息构建角度分解了网站的改造步骤和措施、电子商务网站功能性设计，从电子商务网站系统开发等方面研究了基于信息构建的电子商务网站建设；从获取电子商务信息源、电子商务信息循环式传递，独立的各级电子商务信息支持平台、信息构建在移动 BOSS 系统中的应用效果等方面研究了信息构建在电子商务业务系统中的应用。本书以 51 返利网（现改名为“返利网”）为例，研究了返利网的盈利模式、返利网的内部问题和外部竞争、返利网发展的长期性和信息安全性、返利网综合评价指标、返利网的评价和相应对策、建议。同时，本书还研究了非对称加密在电子商务软件保护中的应用；以.Net 为例探讨电子商务软件保护技术、云计算环境下的电子商务服务外包数据安全问题；研究了基于 WPKI 的移动支付安全、手机 APP 的第三方移动支付平台安全问题；进行了网上支付物业费缴纳系统分析与设计。本书比较了约束路径选择指标和扩展路径选择指标，因此可以判断出电子商务产业良好发展前景的约束产业和扩张产业。

本书可作为高等院校经管类高年级本科生和研究生的阅读教材，也可供政府机关、科研机构及企事业单位科技工作者、管理干部等有关人员阅读与参考。

本书由以下基金项目资助：

·电子商务及供应链系统重庆市重点实验室项目（2013ECSC0103）

·重庆市教委科学技术项目（KJ1400631）

·重庆市教委人文社会科学项目（14SKH07）

·重庆市社会科学培育项目（2013PYGL11）

·重庆市高等教育教学改革项目（133077）

·重庆市高等教育学会项目（CQG13C307）

目录
Contents

第1章 引 论

1.1 研究背景

自产生以来，网络带给我们的便利是毋庸置疑的。由于网络的出现，信息技术才有了进一步的发展，并引起了电子商务时代的到来。与传统的商务模式相比，电子商务具有明显的虚拟性、跨时空性、高效性以及便捷性等优点。我国电子商务从无到有，从单一行业到各行业都纷纷建立了自己的电子商务网站，我国政府也一直很重视电子商务的发展。电子商务交易模式已经成为都市群里的主流模式，电子商务的市场发展潜力是无穷的。电子商务的快速发展令我们反思电子商务产业的发展该何去何从，其发展应该考虑哪些因素。

我国电子商务从2007年开始进入快速发展阶段。“网购”在我国城乡居民的经济生活中扮演着越来越重要的角色。“互联网+”相关政策的支持，促进了网络购物快速发展，带动了其他行业升级转型。2015年3月，政府在工作报告中提出“互联网”概念，旨在通过互联网带动传统产业发展，而网络购物作为“互联网+”切入口，能够带动传统零售、物流快递、交通、生产制造等其他行业升级转型。随后，商务部发布的《“互联网+流通”行动计划》，进一步明确了网络购物与其他产业深度融合、转型升级的任务部署。

电子商务的迅速发展使得越来越多的企业开始涉足该领域，市场竞争变得愈发激烈，电子商务平台上的卖家大多数可以被看作小型商业组织，而销售同类产品的商家之间存在着“单点竞争”和“多点竞争”，卖家之间销售策略的博弈也愈发激烈。

在互联网技术推动下，电子商务在促进产业结构优化升级、转变经济发展方式方面以其特有的新业态和盈利模式给了人们极大的振奋，其未来的发展更是留给人们无限的想象空间。但是，电子商务产业的发展不可能一蹴而就，它需要遵循产业发展的内在规律。因此，选择合适的产业路径将有助于电子商务产业的可持续发展。

消费市场运行总体平稳，我国居民人均可支配收入稳步提升，这为网络购物市场的繁荣发展提供了必要的基础保障。与此同时，随着中国经济由外需驱动向内需驱动的转变，网络购物在实现消费拉动经济增长的过程中扮演着越来越重要的角色，移动网购、跨境网购和农村网购等发展潜力逐步凸显，它们将成为新的增长点。

基于这样的时代背景和环境情况，我们有必要研究电子商务交易方面的国际和国内文献、中国电子商务交易环境现状、电子商务交易双方的博弈关系、电子商务网站建设情况、电子商务业务系统的信息构建情况、返利网的情况、电子商务软件安全及其数据安全性、移动支付安全问题及其对策等内容。

1.2 国际文献

S. Subba Rao 等（2003）深入分析了电子商务的发展阶段，建模分析了在每个阶段中小企业发展电子商务的路径与障碍，展望了未来研究的重点，即每个阶段的具体项目、开发模式和实证检验模型构建。Charles M. Wood 为亚太地区新兴经济体研究了一个电子商务发展的双路径模式，一是“自下而上”的活动，如基础设施开发；另一个是“自上而下”的方法，如创业。两种路径的结合可以促进电子商务的发展以及营销，也可以推动本国经济的发展。其提到了电子商务自身发展的基础设施。Rajshekha G. Javalgi、James J. 等（2005）构建了一个组织生态动力学模型，绘制了一个平行之间的种群生态学模型和目前全球电子商务环境，并研究其发展的途径。Wong, Xiaodong 等（2004）认为中国的互联网市场、网民的数量、电话的普及率都在以十分快的速度增长，但电子商务传统的商业模式、传统的消费行为以及消费预期的差异等，使得中国电子商务市场较西方国家发展缓慢。Chan、Busli 等（2002）分析了电子商务在新加坡的发展模式以及发展路径。他们认为，新加坡作为一个小国，天然资源有限，但电子商务基础设施良好，所以政府对企业的支持是新加坡成功发展电子商务的一个重要途径。

国外一些发达国家电子商务起步早，发展也较为成熟。全球电子商务发展势头强劲，其所创造的价值占各国国民生产总值的比重日益提高。韩国电子商务的发展历程，可分为萌芽期（1989—1993 年）、成长期（1994—2000 年）、飞跃期（2001—2007 年）和繁荣期（2008 年以后）；韩国的电子商务发展，也为 20 世纪 80 年代后期关于贸易业务自动化的争论提供了时代背景。2005 年韩国在世界范围内最先开通了电子信用证业务，自 2008 年起，综合电子贸易系统“U-Trade Hub”投入使用，同时韩国积极向墨西哥、蒙古输出电子商务系统，向世界各国宣传并普及韩国电子贸易系统的应用，由此迎来了韩国电子商务发展的繁荣期。美国电子商务是“商务推动型”，在美国，电子商务实践早于电子商务概念，企业的电子商务需求“推动”了网络和电子商务技术的进步，并促成电子商务概念的形成。美国电子商务所产生的营业额已高达商务总额的三分之一以上。日本电子商务起步较晚，但发展迅速。日本 B2B（Business to Business，以下简称 B2B）电子商务是在美国的影响下发展起来的，大企业之间电子商务和国内电子商务一直是日本主流；在 B2C（Business to Consumer，以下简称 B2C）电子商务方面，日本以便利店形式的电子商务为主流。日本电子商务的发展得益于网络通信基础环境的迅速发展，具有鲜明特色的通信和上网的快速发展。《亚洲信息日报（中国版）》（Asia info Daily China News）上认为随着中国电子商务的发展，物流配送已成为制约 B2C 电子商务发展的主要瓶颈。连锁经营的营销网络将成为主流的 B2C 物流配送。这将有利于中国加快发展连锁经营，以帮助电子商务摆脱困境。Badamas 等人认为信息和通信技术为经济和其他领域的跨越发展提供了一个平台，知识和信息是相互关联的，信息和知识的有效利用却依赖高效信息技术的可用性，反过来，这将加快发展中经济体电子商务的发展。《麦克拉奇商业新闻报》（McClatchy-Tribune Business News）中认为大众缺乏互联网意识是阻碍电子商务发展的因素之一，而且那些试图破坏计算机安全系统的黑客的威胁也是电子商务发展中必须正视的问题。Watson 等认为特许经营近年来在发达经济体如美国和英国已经表现出相当大的增长潜力，目前约占所有零售销售额的三分之一，所以他们认为未来电子商务可通过特许经营向零售业发展。Chen，Juhua 等人认为不正规的电子商务教育体系是目前中国电子商务难以发展的一个主要问题之一。根据抽样调查中国电子商务专业课程后，他们发现了其不合理性，认为主要是设计的知识结构不全面、教材陈旧以及教学相关的老师和专业人士的不足导致了该课程的不完美。Thomase E. Weber 认为不管是经营范围大的，还是小的商业都开始依托于因特网转向电子商务的网上商城等领域。他们认为，电子商务行业与北美最大的批发商联合文具店公司联手建立网上商城将会更有力地推动电子商务产业的发展。Mark Fox 在分析美国音乐产业发展现状的基础上，把电子商务发展模式应用于音乐产业发展过程，给出了音乐产业可用的三种电子商务模式，即订购模式（Subscription Model），按音轨或者按唱片付费模式（Pay-per-track or Pay-per-album Model），以及艺术家到消费者的模式（Artist-to-consumer Model），并且分析了三种模式的利弊。Leo Huang 根据研究发现台湾的住宿和早餐业运营商认为电子商务策略有两大资源优势、四大竞争优势和两大极小优势，针对住宿和早餐业提出了最优化的电子商务策略模型，并对具体应用作了说明。CUC Sunhilde 等人对电子商务内涵进行了说明，给出了电子商务的交易类型，比如 B2B，B2C，B2A（Business to Administration），C2C（Consumer to Consumer，以下简称 C2C），A2C（Administration to Consumer），并介绍了不同交易模式的发展情况，同时针对罗马尼亚电子商务发展状况，给出了相应的建议和意见。

Zhang，Xianfeng 等人提到随着全球电子商务企业爆炸性的增长，电子商务在中国的蓬勃发展，电子商务的教育是首要任务，他们构建了一个四层的概念模型来描述电子商务和电子商务教育的相关影响因素，最后提出了政府主导的教育体制改革的发展战略。

这几个较具代表性的国外文献提到的电子商务的发展影响

要素中较突出的是基础设施的开发不够、传统模式的冲击以及公共部门的支持等。因此我国的电子商务产业发展可以参考从这些方面入手，改变电子商务的现状。

1.3 国内文献

国内文献中，黄宇等人认为电子商务是信息化条件下的新型经济活动，是以数字化、网络化、远程化为特征进行经济活动的一种全新方式。近年来，我国的电子商务发展经历了从国外引进，从本土企业开始学习、消化、吸收、再创新的历程，目前已进入快速发展时期。《2010—2011 年度中国电子商务发展报告》显示，2011 年中国电子商务交易总额达 5.88 万亿元人民币，同比增长 29.2%；电子商务服务企业突破 15 万家，电子商务服务业收入达到 1 200 亿元；第三方网上支付交易额达到 2.16 万亿元。杭州、深圳、成都是我国电子商务产业发展势头较好的三大城市，其中经验值得借鉴。杭州市委市政府高度重视电子商务产业发展，并将其作为推动区域发展的战略性产业之一，通过大力扶持和引导，建设杭州电子商务产业园，设立电子商务进企业专项资金，实施产业“三三制”优惠政策，推进核心企业驱动计划，使电子商务产业成为杭州一个新的经济增长点。以 2009 年为例，杭州仅面向个人的电子商务零售额就占到社会零售总额的 5%～6%。深圳从 2004 年开始启动电子商务产业发展计划，加快建设以福田国际电子商务产业园为旗舰、龙岗和龙华电子商务园为两翼的电子商务产业基地，引导电子商务龙头企业创新发展，推进 PT37 网首创的产业集群生态链垂直循环营销 B2B2C2C2B 模式，成为中国电子商务产业的新高地。成都市借“三产联动”之力与“圈层融合”之势，科学布局电子商务服务业，优化电子商务服务业生态体系，通过连续三年财政设立电子商务发展资金使其规模从600万元扩大到5 000万元、加快建设青羊工业总部基地电子商务园、营造优良电子商务服务业生态体系等系列举措，正在逐步形成以一圈层电子商务服务产业链为核心、二圈层面向先进制造业发展生产性电子商务服务、三圈层针对农业和旅游业推进特色行业电子商务服务的基本格局，成为西部地区吸引大型电子商务企业落户最多的城市，正逐步向中国IT产业“第四极”的目标奋斗。三大城市的产业发展格局不同，但却有以下共同点和经验值得我们学习和借鉴。一是政府重视，政府对电子商务产业发展制定明确目标，整体规划，统筹推进；二是理念创新，积极推进电子商务产业园建设，助推产业集群发展；三是优化环境，加快配套设施建设的同时，出台专业化产业扶持政策，设立产业资金；四是引导核心龙头企业带动产业整体快速发展。高晨光认为电子商务已经成为现代网络销售的趋势。不过电子商务在我国还处于初级阶段，功能比较单一，网站虽然很多，但也就是发布产品信息，发布网络广告，进行电子交易，完成产品的支付，没有发挥电子商务真正的功能。且地区发展严重不平衡，尤其是西部的偏远山区，网络基础设施落后，严重制约了电子商务的开展。刘电威认为我国正在加速步入互联网时代。在2010年3月，腾讯同时在线人数超过1亿人，支付宝用户超过5亿。他认为，我国发展电子商务的主要问题是制度、物流以及数据，而且企业电子商务与企业资源规划、业务流程融合较难，电子商务发展地域和行业极不平衡，这都是未来中国发展电子商务所要解决的关键问题。叶佳丽认为电子商务的多姿多彩给世界带来了全新的商务规则和方式，这更加要求政府在管理上要做到规范，而目前电子商务的管理，包括商务管理、技术管理、服务管理等方面还没有标准的范式。其次，要解决电子商务的标准问题，重点在于：一是建立统一标准的电子商务综合服务平台；二是电子商务的关键在于业务，龙头是其应用，所以，要把各种各样的业务和服务接进来；三是解决互联互通的标准问题。李景怡等人认为保障电子商务的安全是电子商务发展的核心问题。目前，我国的 Internet 安全技术落后，缺乏自主知识产权的信息安全技术产品，信息安全方面依赖美国的技术，所以我国的安全保障体系很脆弱。在西部地区，还没有一个 CA 认证中心，这已经阻碍了电子商务的发展，所以，在西部地区要尽早完善信用管理体系；其次，西部地区缺乏对外贸易的电子商务平台。电子商务的核心内容是通过互联网进行信息沟通和交流，洽谈确认后发生交易，但西部地区从事电子商务的网站寥寥无几，没有以行业为对象的电子商务平台，所以构建西部的电子商务平台是西部地区发展电子商务的首要任务。李明睿等人认为重庆目前对电子商务的重要性认识还不够，电子商务市场规模还不足，有待扩大，并且电子商务的基础支撑服务体系发展相对落后，互联网仅仅在主城区和城市普及，广大的农村还存在网络基础设施建设滞后、上网人数严重不足、价格不合理等问题。最后他们还认为重庆电子商务统计的工作严重滞后，重庆目前还没有任何一个机构或组织进行定期的、比较全面的电子商务发展状况的统计工作，这也导致政府部门在制定针对性政策推动企业电子商务发展时存在较大困难。他们从重庆本地电子商务发展问题分析出发，指出重庆本地电子商务发展过程中存在的一些突出问题，比如对电子商务的重要性认识不够，市场规模较小，电子商务基础支撑服务体系发展相对滞后，物流体系和网络信用程度的制约，既懂网络又懂商务的复合型人才匮乏等问题，并提出了具有针对性的发展对策和建议，但是这些对策建议大部分不具有可操作性。陈德刚针对电子商务的产业集群发展模式，提出电子商务产业集群的特点，并把我国电子商务产业集群分为四种模式：电子商务产业园型、龙头企业主导型、第三方平台型、行业平台型。陈德刚对电子商务产业集群协同创新竞争优势进行了分析，指出有降低运营成本、资源整合共享、增强创新合作三方面的优势，并分析了武汉发展电子商务产业集群协同的有利因素，给出了武汉电子商务产业集群协同创新发展的模式。一是基于价值链的以龙头企业为核心的协同创新模式；二是政产学研协同创新模式。涂冬山根据电子商务产业链理论中的长尾理论提出电子商务产业链包括链核企业群、关联企业群和共同平台三大基本要素，并根据电子商务产业价值传动机制的分类，其产业链拓展路径可分为供应链（融合发展阶段）、生态链（大电子商务阶段）和资本链（全球电子商务阶段）拓展三类。他对杭州电子商务产业链现状进行了评估和展望，给出了具有针对性的政策性建议。戴旭分析了航运物流企业发展电子商务的动因以及其发展类型和特征，给出了航运物流企业电子商务发展路径选择，分别是基础路径：直线型、拓展路径：星型、扩散路径：网络型，并给出了大致的解释说明。冯缨等人提出企业电子商务发展路径的概念模型，包括信息展示、网上交互、网上交易、信息集成四个阶段，并将计划行为理论应用于中小企业电子商务发展路径的分析研究上，从决策层的行为意图、行为态度、主观规范、知觉行为控制等方面分析了其对中小企业电子商务发展的影响。他们提出了基于计划行为理论的中小企业电子商务发展路径的修正模型，增加了第0阶段和各阶段的跳跃关系。王立军等人对义乌电子商务发展现状进行了梳理总结，对其发展中存在的问题作了分析，指出与电子商务发达地区相比，义务的电子商务发展还存在诸多问题：一是经营理念传统，对电子商务重要性认识不够；二是对电子商务的应用层次和能力有待提高，配套设施建设滞后；三是缺乏专业的电子商务知识和人才，发展环境有待优化。在对义务网上市场和实体市场发展关系进行阶段分析之后，他们提出了三种义乌电子商务发展的路径选择，分别是：由市场开发商打造一个全新的网络平台，实现实体市场的整体搬迁；依托国内现有电子商务运营商，实现义乌市场与其的合作，开展网上市场与实体市场的对接互动；以四季青市场为例运用两条腿走路的中间路线。同时，他们也给出了进一步发展电子商务的政策建议。朱辉等人对我国图书电子商务进行了分析，指出其主要类型，即 B2B、B2C、C2C 三种，以及目前国内图书电子商务发展中遇到的问题，给出了我国图书电子商务发展路径的主要着手点：积极创新适合我国国情的经营模式；既要内容为王，又要收益为王；树立整合理念，培养复合型人才。李欣分析了农产品电子商务产业价值链的内涵以及我国农产品电子商务产业价值链存在的问题，给出了我国农产品电子商务发展策略——加大宏观政策引导力度、加强信息基础设施建设、增强参与主体间协作程度、完善交易平台基本功能、健全产品标准管理体系、建立高效物流配送体系和壮大涉农电子商务队伍。陈德刚认为电子商务产业集群是产业集群创新和电子商务发展的趋势。他对电子商务产业集群含义进行了探讨，分析了武汉电子商务产业集群的发展现状，并从建立电子商务产业园、重点培育特色的电子商务产业链、打造核心竞争力的产业集群三个方面提出了武汉发展电子商务产业集群的策略。蔡定福等人提出了推进上海电子商务产业集群发展的策略，主要有培育良好的电子商务行业发展环境、加强第三方机构建设、加快产业载体建设、充分发挥龙头企业带动作用。王慧分析了我国电子商务人才需求状况和电子商务人才状况的主要特征，解释了电子商务人才需求的矛盾，给出了改善我国电子商务企业人才现状的方法和思路，即：改善电商企业的人力资源管理制度；改善当前的电商人才培养（训）体系；企业要合理储备、使用电商人才；完善企业机制和培养良好的企业文化。

在国内文献中，大多学者从定性角度分析了电子商务的路径选择，提出约束要点和政策建议。如冯缨、徐占东（2011）

进行了我国中小企业发展电子商务的组织特征性和环境特征性分析，前者分析了企业规模、信息技术水平、策略、投资规模、领导支持等，后者分析了来自同行竞争压力、同行伙伴压力、习俗潮流压力的特征，另外还有创新性特征分析。杜勇、杜军、陈建英（2010）着力分析了电子商务从业人员的各方面素质要求，同时丁荣涛（2013）在产业融合的情况下也探讨了电子商务的人才发展，对次设计了人才、人力资本优化演进框架，二者均说明了人力资本的重要性。在传统信息服务上的环境下也可以开展电子商务，李小东、周文文、陈远高（2001）就对此提出了策略，其利用SWOT分析方法进行的分析，点出了不同环境对电子商务的影响各有不同。汪明峰、卢姗（2009）选取文化、历史、政策、法律、空间格局等因素研究了不同国家之间B2C电子商务发展依赖的路径。线下电子商务需要物流管理做重要支撑，若物流管理严重滞后，在一定程度上会造成电子商务发展的困境，而邱均平、宋恩梅（2002）针对此提出了电子商务中物流管理的创新，可见电子商务的发展涉及了另一些产业。微观角度上讲，也有不少学者对电商企业进行了讨论，比如丁乃鹏、黄丽华（2002）从电子商务成长的环境方面，讨论了电子商务模式的特点及其对企业发展的影响；黄晓兰（2010）以义乌市某饰品厂为例，分析了中小企业发展电子商务面临着物流、第三方支付平台、客户忠诚度和网络技术方面的困难，并提出了相应改善意见；谭晓林、周建华（2013）将影响企业电子商务采纳的因素按照范围、程度上由大及小的顺序将其划分为三个层面：区域层次上的因素、产业层次上的因素和企业层次上的因素。企业电子商务采纳的关键在于价值创新。为提高企业电子商务采纳成功率，企业需要从内、外两个方面入手，有效匹配资源，提高环境恰适度，走自主创新之路。

我国电子商务的社会信用体系还不完善，目前主要采用中介人模式、担保人模式、网站经营模式和委托授权模式四种信用模式，但其还存在很大的不足，互联网安全技术不健全。目前电子商务人力资源匮乏，我国的电子商务知识尚未普及，而且部分高校开设的电子商务专业培养方向模糊，系统学习电子商务知识、积极培养电子商务人才已成为当务之急。最后，电子商务活动的物流配送体系不完善，现有的配送供给在地域、速度、效率、准确度、价格、服务水平等方面与电子商务的要求还有较大差距。

电子商务的多姿多彩给世界带来了全新的商务规则和方式，这更加要求管理者在管理上要做到规范，而目前电子商务的管理，包括商务管理、技术管理、服务管理等方面，还没有标准的范式。要解决电子商务的标准问题：一是要建立统一标准的电子商务综合服务平台；二是电子商务的关键在于业务，应用是其龙头，所以，要把各种各样的业务和服务接进来；三是解决互联互通的标准问题。

保障电子商务的安全是电子商务发展的核心问题，目前，我国的 Internet 安全技术落后，缺乏自主知识产权的信息安全技术产品，信息安全方面依赖美国的技术，所以我国的安全保障体系很脆弱。在西部地区，还没有一个 CA 认证中心，这已经阻碍了电子商务的发展，所以，在西部地区要尽早完善信用管理体系。其次，西部地区缺乏对外贸易的电子商务平台。电子商务的核心内容是通过互联网进行信息沟通和交流，洽谈确认后发生交易，但西部地区从事电子商务的网站寥寥无几，没有以行业为对象的电子商务平台，所以构建西部的电子商务平台是西部地区发展电子商务的首要任务。

自网络产生以来，其带给我们的便利是毋庸置疑的。由于网络的出现，信息技术才有了进一步的发展，并引起了电子商务时代的到来。与传统的商务模式相比，电子商务具有明显的虚拟性、跨时空性、高效性以及便捷性等优点。我国电子商务从无到有，从单一行业到各行业都纷纷建立起自己的电子商务网站，我国政府也一直很重视电子商务的发展。虽然目前还不能预测电子商务交易模式何时能成为主流模式，但电子商务的市场发展潜力是无穷的。虽然我国的电子商务总量在逐年增长，然而其发展却存在典型的地域不平衡性，东南沿海属于较发达地区，北部和中部属于快速发展地区，而西部则相对落后。同时，关于电商的投诉也始终没有停息。

1.4 研究内容简介

全书共分为 10 章。第 1 章引论从研究背景、国际文献、国内文献等方面，在综述国内外关于电子商务交易方面的研究文献基础上，对中国电子商务交易环境现状作出了调查分析，指出了存在的问题。第 2 章从中国互联网发展现状、中国网络购物及网上支付现状、农村电子商务信息基础设施建设现状、中国电子商务存在的问题等方面研究了中国电子商务交易环境现状。第 3 章利用模型求解研究了电子商务交易中商家与商家之间收益的多维博弈。从多维博弈理论出发，针对电子商务环境下的多个同质商品经营商家的博弈，采用主要的策略变量：广告投入、相关交易服务投入和商品售价进行了深入分析，通过求解，得到了多维博弈下的商家博弈的均衡解。第 4 章从以信息构建角度分解网站的改造步骤和措施、电子商务网站功能性设计、电子商务网站系统开发等方面研究了基于信息构建的电子商务网站建设。第 5 章从获取电子商务信息源、电子商务信息循环式传递、独立的各级电子商务信息支持平台、信息构建在移动 BOSS 系统中的应用效果等方面研究了信息构建如何应用于电子商务业务系统。第 6 章以 51 返利网为例，研究了返利网的盈利模式、返利网的内部问题和外部竞争、返利网发展的长期性和信息安全性、返利网综合评价指标、返利网的评价和相应对策、建议。对返利网的评价主要是对返利网的盈利模式、内部问题、外部竞争和返利网发展的长期性、信息安全性三个方面进行分析，得出返利网的优缺点以及存在的问题。第 7 章研究了非对称加密在电子商务软件保护中的应用、以.Net 为例探讨电子商务软件保护技术、云计算环境下的电子商务服务外包数据安全问题研究。第 8 章研究了基于 WPKI 的移动支付安全、手机 APP 的第三方移动支付平台安全问题。第 9 章进行了网上支付物业费缴纳系统分析与设计。第 10 章通过约束路径和扩张路径两个方面的分析，计算完全消耗系数与直接消耗系数的比值和完全分配系数与直接分配系数的比值，并且剔除无效数据，比较约束路径选择指标和扩展路径选择指标，判断出电子商务产业良好发展前景的约束产业和扩张产业。

参考文献

[1] 中华人民共和国工业和信息化部. 电子商务“十二五”发展规划 [EB/OL]. [2013-03-27] http://www.miit.gov.cn/n11293472/n11293832/n11293907/n11368223/14527814.html.

[2] 佚名. 黄奇帆市长、张轩主任对《电子商务产业发展趋势与重庆应对》的重要批示 [EB/OL]. [2013-04-02] http://www.cqfz.org.cn/news.asp?id=7126&module=759.

[3] 佚名. 重庆市人民政府关于加快建设长江上游地区商贸物流中心的意见 [EB/OL]. http://zc.k8008.com/html/chongqing/shizhengfu/2013/0217/907838.html.

[4] 李政世. 韩国电子商务的发展研究 [J]. 国际经济战略, 2011, 9.

[5] 易芳. 电子商务产业发展模式研究 [D]. 北京：北京

交通大学，2011.

[6] 佚名. 日本电子商务的发展阶段及现状分析 [EB/OL]. 中国电子商务研究中心，2012-09-24.

[7] Anonymity. The Development of E-commerce Call for Chain Operation [N]. Asia info Daily China News, 2002, 6 (3).

[8] Badamas, Muhammed. Knowledge Management and Information Technology: Enablers of E-commerce Development [J]. Communications of the IIMA, 2009, 4 (9).

[9] Anonymity. Lack of Internet-awareness Hampers Development of E-commerce [N]. McClatchy - Tribune Business News, 2006, 8 (19).

[10] Watson, Anna, Kirby, et al. Franchising, Retailing and the Development of E-commerce [J]. International Journal of Retail & Distribution Management, 2002, 5 (30).

[11] Chen, Jihua; Hu, Yong; Wang, Wei. E-commerce in China [J]. Journal of Electronic Commerce in Organization, 2004, 6 (2).

[12] Thomas E. Weber. E-Commerce Industries to Ally With Wholesaler [J]. Wall Street Journal, 1999, 7 (8).

[13] Mark Fox. E-commerce Business Models for the Music Industry [J]. Popular Music and Society, 2004, 27 (2).

[14] Leo Huang. Bed and Breakfast Industry Adopting E-commerce Strategies in E-service [J]. The Service Industries Journal, 2008, 28 (5).

[15] CUC Sunhilde, KANYA Hajnalka. Electronic Commerce-A Modern Form of Business [J]. Journal of Electrical and Electronics Engineering, 2011, 4 (1).

[16] 黄宇，陈娟，边文玉，潘红虹. 电子商务发展模式

典型案例分析 [J]. 国际市场，2012，(Z4).

[17] 王宏斌. 加快推进宁波电子商务产业发展 [J]. 三江论坛，2013，1.

[18] 高晨光. 我国电子商务发展现状、问题及对策分析 [J]. 电子测试，2013 (5).

[19] 刘电威. 我国电子商务发展现状、问题与对策研究 [J]. 特区经济，2011 (12).

[20] 叶佳丽. 中国电子商务发展现状及其面临的问题 [J]. 商业经济，2010 (4).

[21] 李景怡，李焱. 西部电子商务发展的问题与对策 [J]. 社科纵横，2006 (9).

[22] 李明睿，谭蓓，史毅飞，易诗莲. 重庆市电子商务发展中存在的问题及对策研究 [J]. 中国商贸，2010 (5).

[23] 陈德刚. 我国电子商务产业集群发展模式研究 [J]. 江苏商论，2012 (10).

[24] 陈德刚. 武汉电子商务产业集群协同创新发展问题研究 [J]. 江苏商论，2012 (9).

[25] 涂冬山. 电子商务产业链拓展机制研究——以杭州为例 [J]. 科学发展，2011 (10).

[26] 戴旭. 现代航运物流企业电子商务发展路径研究 [J]. 中国储运，2010 (8).

[27] 冯缨，赵喜仓. 中小企业电子商务发展路径模型研究 [J]. 科技管理研究，2009 (9).

[28] 王立军，任亚磊. 义乌电子商务发展路径研究 [J]. 电子商务，2011 (4).

[29] 朱辉，刘萱. 我国图书电子商务发展路径探析 [J]. 编辑之友，2008 (4).

[30] 李欣. 基于产业价值链的我国农产品电子商务发展策略研究 [J]. 商业时代，2012 (18).

[31] 陈德刚. 武汉电子商务产业集群发展策略分析 [J]. 特区经济，2012 (10).

[32] 蔡定福，岳焱. 上海电子商务产业集群推进策略研究 [J]. 商业时代，2012 (18).

[33] 王慧. 我国电子商务人才发展状况分析与解决途径研究 [J]. 中国商贸，2013 (2).

第 2 章

中国电子商务交易环境现状

中国的电子商务从 2007 年起开始进入飞速发展的阶段，尤其是以 B2C、C2C 为代表的网络零售业，年均增长率高达 70%，扩张速度惊人。国家“十二五”计划把电子商务作为产业结构优化升级、转变区域经济发展方式的战略重点，明确提出要积极发展电子商务产业。电子商务正如雨后春笋般快速发展起来。

2.1 中国互联网发展现状[①]

1997 年，国家主管部门研究决定由中国互联网络信息中心（CNNIC）牵头组织有关互联网单位共同开展互联网行业发展状况调查，自 1997 年至今，CNNIC 已成功发布了 36 次全国互联网发展统计报告。当前互联网已经成为影响我国经济社会发展、改变人民生活形态的关键行业。CNNIC 的历次报告见证了中国互联网从起步到腾飞的全过程，并且以严谨、客观的数据，为政府部门、企业等各界掌握中国互联网发展动态、制定相关决策提供了重要依据，受到各个方面的重视，被国内外广泛引用。

① 本小节的数据内容主要来源于 2015 年 7 月 22 日的《第 36 次中国互联网络发展状况统计报告》（http：//www. cnnic. net. cn/hlwfzyj/hlwxzbg/）。

自 1998 年以来，中国互联网络信息中心形成了于每年 1 月和 7 月定期发布《中国互联网络发展状况统计报告》的惯例。第 36 次统计报告延续了以往的内容和风格，对我国网民规模、结构特征、接入方式和网络应用等情况进行了连续的调查研究。

第 36 次全国互联网发展统计报告显示，截至 2015 年 6 月，我国网民规模达 6.68 亿，互联网普及率为 48.8%；我国手机网民规模达 5.94 亿；我国网民中农村人口占比为 28.2%，规模达 1.78 亿；手机上网的网民比例为 83.4%。

2015 年中国网民规模与互联网普及率如图 2-1 所示：

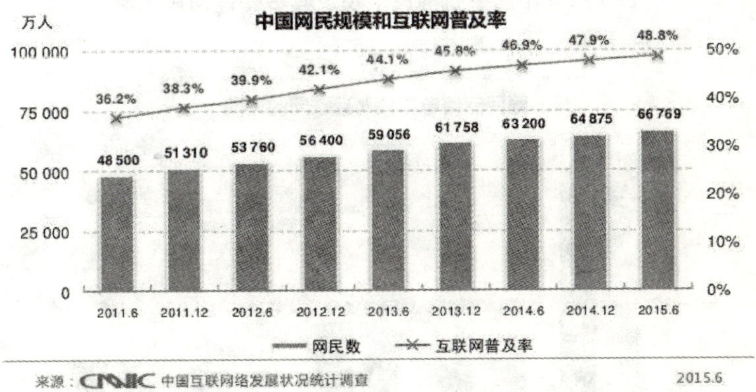

图 2-1　中国网民规模与互联网普及率

2015 年中国手机网民规模及其占整体网民比例如图 2-2 所示：

2014—2015 年中国网民使用电脑接入互联网的各场所比例如图 2-3 所示：

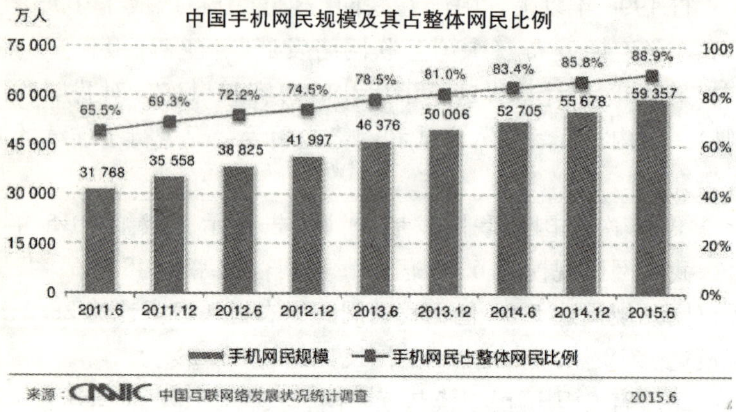

图 2-2　中国手机网民规模及其占整体网民比例

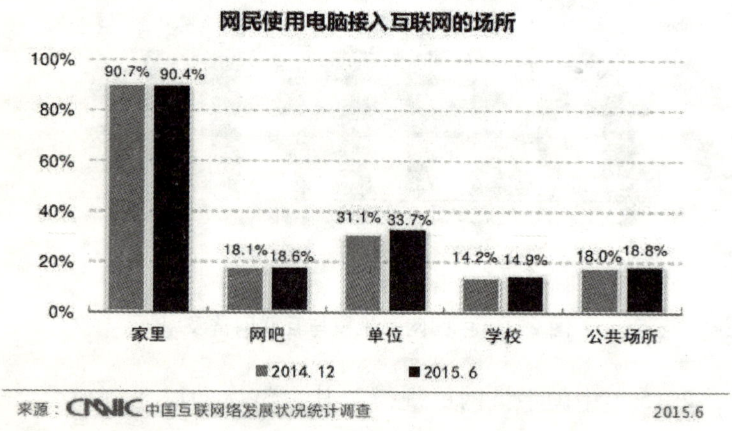

图 2-3　网民使用电脑接入互联网的场所

移动上网设备的逐渐普及、网络环境的日趋完善、移动互联网应用场景的日益丰富，这三个因素共同作用，促使手机网民规模进一步增长。

首先，智能手机价格下降，为手机上网奠定了基础。今年上半年，各大互联网厂商和传统家电企业对于手机市场的进入促使智能手机价格持续走低，进而提升了网民购买力。其次，政府加大对移动上网的扶持，通过督促运营商降低上网资费，提升网络覆盖能力等措施优化网民上网环境，降低手机上网门槛。最后，移动互联网应用场景的丰富提升了网民的使用意愿。移动互联网与传统行业加速融合，开发出与各类生活紧密关联的新应用，吸引了传统行业用户开始使用移动互联网。

我国通信基础设施的建设和升级、运营商的积极推动以及网民对移动端高流量应用的使用需求，共同推动了 2G 用户向 3G/4G 用户的迁移。截止到 2015 年 6 月，我国手机网民中通过 3G/4G 上网的比例为 85.7%。除 3G/4G 外，Wi-Fi 无线网络也成为主要的上网方式。截止到 2015 年 6 月，83.2%的网民在最近半年曾通过 Wi-Fi 接入过互联网，其中在家里接入 Wi-Fi 无线网络的比例最高，为 88.9%，在单位和公共场所 Wi-Fi 无线上网的比例相近，分别为 44.6%和 42.4%（如图 2-4 所示）。

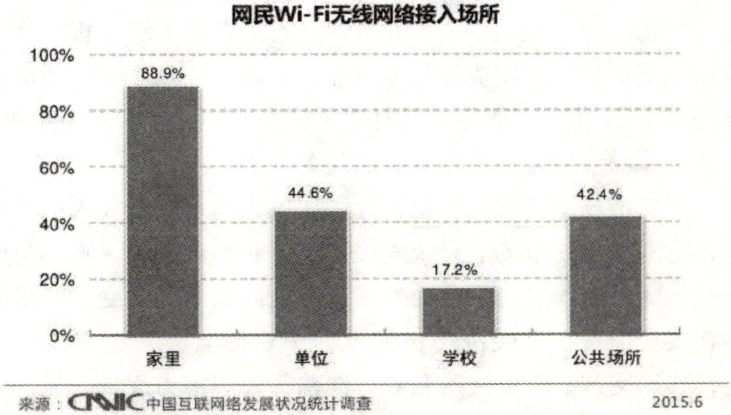

图 2-4　网民 Wi-Fi 无线网络接入场所

2.2 中国网络购物及网上支付现状[①]

2015 年上半年，我国个人互联网应用发展加速分化，电子邮件、BBS 等传统互联网络应用使用率继续走低；搜索、即时通信等基础网络应用使用率趋向饱和，向连接服务方向逐步发展；移动商务类应用发展迅速，成为拉动网络经济的新增长点；网络支付从线上走向线下，使用率增长迅速。此外，网络炒股成为网民投资焦点，由于股市带来的用户分流，使得网络余额理财类应用的使用率增长出现停滞。

近年来，网络购物市场的繁荣与宏观政策、经济、社会、技术环境良好密切相关，具体表现为：

“互联网+”相关政策的支持，促使网络购物快速发展，带动其他行业升级转型。2015 年 3 月，政府在工作报告中提出“互联网”概念，旨在通过互联网带动传统产业发展。而网络购物作为“互联网+”切入口，能够带动传统零售、物流快递、交通、生产制造等其他行业升级转型。随后，商务部发布的《“互联网+流通”行动计划》，进一步明确了网络购物与其他产业深度融合、转型升级的任务部署。

消费市场运行总体平稳，我国居民人均可支配收入稳步提升，为网络购物市场的繁荣发展提供了必要的基础保障。与此同时，随着中国经济正在由外需驱动向内需驱动转变，网络购物在实现消费拉动经济增长的过程中扮演着越来越重要的角色，移动网购、跨境网购和农村网购等发展潜力逐步凸显，其将成为新的增长点。

① 本节的数据内容主要来源于 2015 年 7 月 22 日的《第 36 次中国互联网络发展状况统计报告》（http：//www. cnnic. net. cn/hlwfzyj/hlwxzbg/）。

网络交易环境逐步改善，实名制的推进提升了诚信水平。近两年，为了响应国家号召，即时通信、网络购物等企业积极贯彻落实政府的实名制要求，推出包括实名制相关的行业自律公约、用户实名制认证等诚信举措，提升行业信任水平，助力形成政府主导、多方参与的交易市场诚信体系建设。

技术的发展推动创新变革，提升用户消费体验。互联网技术的革新对网络零售业影响较大，多样化的移动支付方式重塑用户的消费习惯，智能手机和移动应用的发展将取代传统钱包。随着 3D 打印、无人机送货、虚拟试衣等技术的研发和完善，更多技术应用不仅能够提升用户体验，而且有助于推动生产运输、物流配送、平台展示等运营模式的变革创新。

截至 2015 年 6 月，我国网络购物用户规模达到 3. 74 亿。技术进步驱动网络支付应用的场景和方式不断变丰富。网上支付提供了满足资金流通需求的基本服务。随着移动互联网技术的发展和应用水平的提升，扫码支付、刷卡支付、信用卡还款、生活缴费、红包等应用场景应运而生；基于生物认证技术的发展，网络支付领域出现指纹识别支付和人脸识别支付等应用方式。应用场景和方式的丰富顺应了网络支付平台化发展思路，促进了网上支付商业模式和变现途径的创新。

资金流量的富集推动网络支付企业拓展金融服务。随着网络支付工具中资金量级的攀升，网络支付企业不断探索，突破“交易手续费+沉淀资金利息”的盈利模式，创新消费金融产品，推出供应链金融、网络银行、P2P 贷款、网络信用卡等服务。这些产品和服务一方面切入消费者生活，解决资金流入、流出、增值问题；另一方面利用互联网众筹理念帮助小微企业融资贷款解决贸易问题。在此基础上，网络支付企业在平台上形成了资金循环增值流动闭环。

数据资源和挖掘技术助力网上支付企业建立征信机制。对个人而言，网络支付行为与个人信用评价的关系最为密切。随着网络支付平台业务架构的不断完善、用户数据的海量存储，以及数据挖掘技术的逐渐成熟，网上支付企业具备了个人征信业务的基本资质。在国家放开企业构建征信业务的权限后，芝麻信用、腾讯征信等 8 家机构获批开展个人征信业务。未来，阿里基于支付链、腾讯基于用户关系的个人征信系统，联合人民银行等其他征信机构的基础数据将在行业内形成广泛、全面、完善的个人信用评价体系。

互联网理财产品使用率在 2015 年进入平台期的原因主要有以下两点。首先，理财市场整体环境变化显著，股市暴涨使得股票成为网民投资理财的焦点，对互联网理财市场用户起到较大分流作用。2015 年上半年，网上炒股或炒基金的用户规模增加了 1 809 万人，其中年龄在 30 岁及以下用户占到 41.8%，股市对于低龄理财者群体产生较强吸引力，而低龄、低净值投资群体恰是互联网理财用户的核心用户群。其次，受宽松货币政策影响，货币基金的收益率持续下跌，当前市场主流产品收益率跌破 4%，“宝宝”类产品自身对投资者的吸引力有所减弱。

从趋势分析，互联网理财产品向多元化转变。2015 年，各互联网金融公司在众多理财领域与生态伙伴展开积极合作，互联网理财市场产品已由初期货币基金包打天下转变为货币基金为主，债券型、指数型基金和 P2P 模式的借款产品快速成长的新格局。虽然货币基金已进入低收益率水平时代，但其高流动性和相比储蓄的利息优势依旧存在，且客户端产品与众多生活消费场景天然对接，依然具有很高的投资配置价值。受过初期互联网理财启蒙的投资者寻求更高收益理财产品的需求日增，债券型、指数型基金等高收益理财产品为网民投资提供了更多选择，并有望带动互联网理财市场的第二轮增长。

移动互联网已经成为影响我国经济社会发展，改变人民生活形态的关键行业。在移动互联网科学技术的高速发展的促进下，移动电子商务的应用已经逐渐地融入各个行业。电子商务作为现代服务业中的重要产业，有“朝阳产业、绿色产业”之称，具有“三高”“三新”的特点。“三高”即高人力资本含量、高技术含量和高附加价值；“三新”是指新技术、新业态、新方式。人流、物流、资金流、信息流“四流合一”是对电子商务核心价值链的概括。电子商务产业具有市场全球化、交易连续化、成本低廉化、资源集约化等优势。就以上看来，从我国的基本国情出发，认识电子商务的优势以及其在我国的发展现状和发展路径就显得尤为重要。

2.3 农村电子商务信息基础设施建设现状

中国是一个农业大国，但是农业经济发展远远落后于城市经济发展。农业生产经营时至今日依然停留在最原始的模式下，农民进行农业生产大多数时候仅是为了满足自需，对农业信息获取的意识淡薄，农业生产严重落后，农业市场信息严重匮乏等使得农业生产活动无法为农民带来经济效益。

2.3.1 农村电子商务信息技术应用现状——以重庆某区县为例

重庆某区县设有若干个乡镇、街办。某区县农业局下设信息中心，开发区农业局都设有专门信息部门，各乡镇、街办设有农技站。乡镇建立信息服务站，为每个乡镇配置品牌电脑一台和打印机一台。乡镇信息服务站建立后，承担着本地区信息服务工作。乡镇信息服务站均设在乡镇农技站（乡镇农业服务站）。同时，以村组干部、农村经纪人、产业化龙头企业、中介组织和经营大户等为重点，通过培训考核和资格认证，建立农村信息员队伍，及时收集、传播信息，发挥好政府与广大农民之间的信息“二传手”作用。虽然如此，农业信息服务“最后一公里”问题依然存在，个体农户大多数都不知道有这样一个信息服务站，信息虽然从政府传达到了各个乡镇，但显然没有进入每个农民耳朵里。在家务农的多是老人和妇女，因为文化素质普遍偏低的原因，大多数农民特别是中老年和妇女对信息获取意识薄弱，对是否能够掌握和运用现代信息技术缺乏信心。

农业局接入计算机局域网，并接入宽带互联网，使用重庆市农业局统一开发的“重庆市农业局信息管理系统区县版（办公自动化）”，实现资源共享、信息交流。

该区县农业信息网是由原某区县农业信息网和某区县农业网合并而成的一个综合性农业网站。网站设置了热点新闻、推广动态、专家论坛、政务信息、劳务开发等栏目。信息中心配备专门人员时时更新，使网站保持活跃状态。

该区县还开展农作物病虫可视化预报。购置了摄像机、数码像机、非线性编辑卡、高配置电脑、双监视器等全套视频编辑硬件设备，开展了农作物病虫害的可视化预报工作，节目安排在该区县区新闻节目之后天气预报之前的黄金时间播出，在农村收视率高达87%。积极发展农业产业化龙头企业、农产品批发市场、中介组织、经纪人和种养经营大户加入全国农业信息联播“一站通”，鼓励他们利用“一站通”开展信息服务。建立农产品市场价格采集点，为农民提供市场信息服务。开展“两网工作”，目前已有“农网广播”注册用户3 100户，“移动农网”定制用户10 000余户。

此外，该区县利用各种会议，宣传农业法规、农业政策、市场信息和科技信息。以下是最常见的一种方式：黑板报设置专栏，发布新信息；通过乡镇广播、闭路电视宣传新信息；现场示范；开展咨询 ；通过互联网，“一站通”“两网”获取和发布新信息；印发技术资料，开展农技培训等。

由于该区县个体农户大多数都不知道有信息服务站的存在，信息虽然从政府传达到了各个乡镇，但并没有进入每个农民耳朵里。在家务农的多是老人和妇女，因为文化素质普遍偏低的原因，大多数农民特别是中老年和妇女对信息获取意识薄弱，对是否能够掌握和运用现代信息技术缺乏信心。基层农民获得信息的主要手段是口耳相授。某区县农民对农作物的种植信息大多源于祖辈经验或者周围邻居的口耳相传；对于市场信息的获取大多都仅限于周边市场，且没有系统的来源，多来自农民自己的亲身体验。同时某区县农民居住地分散，农民文化素质低下等原因导致农民也从不阅读报刊、书籍，对于农业的实时新闻政策的了解大多来自电视里面的新闻联播，且这种获取方式也不是主动的，随意性很强。对于政府需要贯彻的政策信息的来源，也大多是从政府人员口中获得，一传十、十传百；有时候各乡镇政府也会组织会议向农民宣传最新政策或者新的科技信息；或者在乡政府里办板报，但通常情况板报内容农民几乎是不会注意到。总之，某区县的农民获得信息的渠道大多是周边农民的口耳相授和自身的亲身体验，极少时候是通过电视报刊等传媒，而通过互联网获得信息的情况是少之又少。

2.3.2　农村电子商务信息化建设需求分析

推进农村信息化建设需要经历一个长期的发展过程，要根据某区县农业信息服务的现状以及农村经济水平、人口素质、基础设施等方面考虑，全面推进农村信息服务的进展来推动某区县农村经济的发展。现今社会是市场主义社会，信息尤显重要，信息服务推动着各行各业的发展，农村经济的发展也离不开信息服务。

信息技术是当今发展最快、最为活跃的领域。许多地区都把信息技术作为当前扶持和投资的重点，在信息网络建设和硬件设备上投入了大量的经费，信息基础设施越来越完备，为信息的高效传播奠定了良好的物理基础。同时，各地也纷纷建立起自己的农业信息服务系统。

某区县的农业生产主要涉及农、林、副，也有少数涉及牧、渔，因此表现出对信息内容的针对性及实用性的要求，而农产品的季节性生产反映出他们对信息实效性的要求。该区县农民文化素质普遍较低，农民个人意识、接受能力以及地域差别和社会分工差异性等都呈现出信息内容的多样性特征。基于这些特征，该区县农业信息服务可根据各乡镇特点建立以政府为首、农户为主要服务对象，以农产品市场信息、农作物、农副产品为主提供信息，形成一条主线然后多元化的信息服务模式。

政府的主要工作就是和企业、科研机构等合作提高农业信息服务的质量，以改变某区县以前信息服务面窄、内容少的局面，并提高、加强农民对信息需求的意识，为农业运作农业产前、产中、产后的多元信息。这些信息应具有以下六个方面：

（1）农业资源、环境信息，包括农作物的种植以及产量、当地气候、土壤质量、水以及种子等资源相关信息。

（2）农业科学技术信息，如农业新技术、新设备、新工艺等信息。

（3）农业生产经营信息，如国内农业发展趋势、新的农业生产经营组织信息等，让农民时刻了解国内农业动向。

（4）农业市场信息。当今社会是市场经济时代，一切以市场需求为导向，农业发展亦不例外，因此应时刻关注农产品品种、价格定向及市场行情等方面信息。

（5）农业管理服务信息，如新的农业管理模式、服务方式以及新的服务理念，时刻注意农民的意识变化，避免农民意识停留在过去几十年的传统意识里。

（6）农业教育及政策法规信息等，通过这些信息提高农民各方面素质，让农户随时了解国家及地方政策。

根据农业信息需求的特点和某区县可利用的信息技术，以及某区县农业信息服务现状不难看出，某区县农业信息服务急需要建立一个完整的农业信息服务系统，而这个系统应该是“三电合一”的一个服务系统，既电视、电话、电脑合一。

农民信息需求处于一个动态变化的过程中，随着季节、地域变化，具有不同的信息需求，而且往往具有时效性，因此某区县农业信息服务就需要建立一个能够及时互动的信息需求反馈体系，来适应其变化需求。某区县农村大多是分散的个体种植户，对于农民来说，经过世代的实践，常规的技术知识已经掌握，但是这些技术知识也仅限于普通农作物，一旦农民想尝试种植新的农作物，那么相关的问题如选择种子和种植过程的技术注意事项等就需要相关的技术人员来解决，对于技术人员解决不了的问题则希望能够得到专家的指导。而到达收获季节时，农民此时最关心的是市场信息。

2.3.3 农村电子商务信息技术应用面临的障碍——以重庆某区县为例

虽然该区县农业信息服务的方式很多元化，但是农业信息服务“最后一公里”（1公里=1千米）问题依然存在，个体农户大多数都不知道自己所属的乡镇农业信息服务站的存在，也不知道“农业信息网”这个网站的存在，有关农业的信息虽然从政府传达到了各个乡镇，但显然没有进入每个农民耳朵里。某区县农业信息服务还面临着重重阻碍，这些阻碍主要表现在以下几个方面：

该区县由于经济条件的制约，地方政府对农业信息基础设施建设的投资力度以及政策方面的支持力度不够。某区县区农业信息体系建设经费几乎全部依靠重庆市农业局的项目资金和本局自筹经费解决，虽然全部乡镇都已配置计算机，但普遍存在设备简陋、配套设备不足、正版应用软件缺乏、运行经费不足的问题，限制了信息资源的深度开发、信息服务的广泛开展和技术设备的充分利用，远不能满足我区农业经济发展的需求。

农业信息化离不开计算机、数码相机等先进设备，而这些设备更新换代的速度十分迅猛。由于缺乏资金支持，农业信息体系基础设施逐渐老化，已逐渐不能适应信息化的需求。

该区县共有行政村 448 个，农业户 36.8 万户，村一级农业信息平台没有建立起来，绝大多数的村和涉农中小企业缺乏网络沟通手段和终端设备，还与互联网无缘，缺乏现代化沟通手段。困扰农业信息进村入户的“最后 1 公里”问题仍然是目前我区信息化发展的巨大瓶颈，信息传输在乡镇和村级之间面临着“信息屏障”。

目前，我区农业信息服务网络向基层网络延伸才刚刚起步，从事信息工作人员的数量、结构和整体素质都还不能适应推进信息化的要求，大量信息资源仅停留在低水平开发状态，特别是基层信息服务人员对计算机网络等现代信息技术的应用水平普遍较低。

在农村劳动力中，还存在不少文盲和半文盲，在家务农的又多是老人和妇女，这使得很大部分农民对信息，尤其是对网上销售发布信息表现出漠然和无知，受文化素质及传统观念的影响，农民还不善于利用现代通信网加快农产品信息发布、搜集农产品市场需求信息等。

2.3.4 应用电子信息技术手段促进农村电子商务及其经济发展

信息资源只有通过传播才能发挥其服务于农业、农村、农民，及使农业增效、农民增收的作用。依托已有的信息网络设施，建立基于农村三网（计算机网、电话网、电视网）一体化的信息传播体系，实施信息进村入户工程，直接向农村、农民提供科技信息、政策信息和市场信息，这具有重要意义[5]。

随着某区县新农村建设的进一步完善，以及现在有线电视网络和有线电话网络的普及特别是移动电话的高使用率，随着经济发展，农民生活水平会提高，计算机价格会下降，计算机在农村的普及也将是不远的现实。农业信息“三电合一”进村入户模式在重庆某区县实现是指日可待的。农业信息“三电合一”进村入户模式是指通过电话、电视、计算机三种方式，将农业相关的信息传播到千家万户，使得农民在足不出户的情况下就可了解到他们所需要的农业信息[6]。

建立以有线电视网络传输为主，其他网络传输为辅的宽带网络传输平台，及遍布全某区县区广大农村的信息服务接收站点，使图、文、影、音、象等多媒体信息可以在有线电视网络上畅通无阻，做到信息无障碍共享。在这点上，某区县政府特别是农业相关部门和招商部门可与本地电视台合作，开创一个属于农民的电视频道。在这个频道里，利用农业远程信息服务实现农业信息传播和技术推广，使农民在本地接收教室即可达到或接近面授的效果，学习最新的农业实用技术，同时了解最新的市场动向和国家地方的农业政策；也可以邀请专家或者根据农时安排远程现场直播授课，使农民能及时将所学技术用于生产；通过先进的通讯设备，使不同地点的学员与专家之间实现无障碍交流，进行讲授、提问、答疑和讨论；学员可根据自己生产需要，随时随地运用现有的通讯方式点播课程。

数字电视系统是一个从电视信号的采集、记录、处理、存储、播出、传输、接收，整个过程都经过数字技术处理的系统。电视是农民乐于采取的一种获取生产、技术、市场信息的载体。2015 年中国将关闭模拟电视，在全国范围内普及数字电视。数字电视与农村信息服务相结合，农民可以在家里就接受培训，学习与获取技术信息、国家及地方农业政策，了解国内农业发展趋势等，而不受到时间、空间的限制。信息内容以多媒体为主，易于农民学习运用，并且设备简单，只需要在电视上安装一个机顶盒，农民投资小、易于实现、操作简单，与电视机一样对于某区县农民科学技术素质低的现状具有改善作用。同时系统是双向互动的，可以及时反馈农民信息需求动向。

电视网络的运用在辽宁省是有先例的。辽宁省设置了一个农业频道，在这个电视频道里，政府和电视台可以根据某区县农时灵活播放节目，如春耕时期可以组织专家团队开展从选种到种植的系列科技电视讲座，开辟电视栏目热线解答农民疑惑，同时可以根据热线访问的记录找出典型问题集中解决；在收获季节特别是水果收获季节前后也可以在频道传递市场信息，对此可以专门制定农业新闻节，可以一周一播也可以一天一播。同时可以制定一档栏目用来讲述农民自主经营创业的故事启发鼓励农民创业而不是一味地停留在过去的满足自需的模式里。同时应意识到，随着新农村的建设完善和计算机普及的趋势，可以在栏目里适当地宣传某区县农业信息网这个网站，让该网站为广大农民所熟知，对此可以开始电视讲堂培训普及农民的计算机基础知识。

基于农村电话普及率较高的现有优势，推出面向农村电话用户的信息咨询服务系统——语音互动服务系统，为众多没有上网条件的农民电话用户构建一座信息交流的桥梁，实现“听网”的功能，让农民用户通过电话获得动态信息咨询服务，解决信息渠道不畅和信息获取手段受限的问题。语音互动服务系统将为农村信息服务提供更加便利的途径，使农民通过普通电话即可获取丰富的农业实用信息和市场信息，从而达到信息富农，促进农民增收的目标。

重庆这方面的主要运用是向农村地区提供移动话音业务、数据业务，并推出“农信通”业务品牌，为新农村建设提供完善的移动信息化支撑。与此同时，利用中国移动农村信息机，不仅可以方便地查阅农村信息网的信息，行政村还可以利用信息机将信息直接发布到广大村民的手机上；通过农村信息机连通广播，可以用手机随时远程进行广播，方便了基层政府政务管理。将低廉的农村信息机作为终端，充分利用了移动网络覆盖优势，低成本地解决了农村基层信息落地的难题。中国移动通信农村信息网是中国移动农村信息化的重要业务支撑平台，是中国移动为“三农”服务的首要入口。

随着某区县新农村的建设和完善，农民居住集中，减少了宽带入户的成本，农民运用计算机上网也即将成为现实。虽然如此，某区县农民文化科技素质低这一现实问题也是不能忽视的。在计算机和互联网在某区县农村普及之前，政府和相关部门应该重视这个问题，同时注意加强农民获取农业信息的积极性和提高农民对信息需求的意识。

通过办培训班和数字电视视频培训的方式对农民普及计算机和网络技术。由于某区县农业信息服务站配有计算机，加上乡镇信息服务站年轻人多，绝大多数乡镇信息服务站人员对信息的收集传递有浓厚的兴趣和很高的积极性。因此可以在乡镇信息服务站举行定期的计算机和网络技术的基础知识培训。由政府出面组织，分批邀请本乡镇的村民听课，并对学习成绩优异的村民进行表彰，加强农民学习的积极性。

通过专家系统对各乡镇信息服务站下发农情、病虫情报、农产品价格行情等制度性报表，经常下发不定期的调查提纲，实行考核，迫使乡镇政府加快对办公网络和计算机软件的熟悉速度。加强各乡镇信息服务站的网上交流，取长补短，推动各乡镇信息服务站信息服务工作。

通过与农业加工企业合作以及同外省资源对接合作将市场的需求供应信息如农产品的市场价格、需求量，农作物加工产品的价格、需求量以及最新的市场动向，国内外农业发展方向，国家地方的农业政策发布到“某区县农业信息网”网站上。同时可以在计算机未高度普及之前，在乡镇信息服务站或者农村实际安装触摸屏查询机如通讯营业厅门口等地并让互联网与触摸屏查询系统连接。触摸屏操作简单、反应快，简化了计算机的使用，消除了农民使用者与计算机之间的障碍。

建立以政府为主和专家、农业加工企业为辅的合作机制，以市场为导向，综合利用互联网、有线电视、有线电话网络、移动电话网络以及即将普及的数字电视为农民提供农业信息服务。

对于农业生产中的技术问题的解决，农民通常愿意与专家面对面的交流。针对这一块，地方电视台也可以设专门的节目，同时开通热线和短信留言，在网上同步直播，并且让每一期节目在以后都可以在某区县局域网内查到。节目开通热线电话，农民遇到问题可以随时和专家组联系以解决问题，在节目期间还可以和专家通过电视和网络视频面对面地交流解决问题。同时根据热线电话和短信系统的记录，可以对农民的问题进行分析归类，针对典型的问题可以派遣专家组到实地进行现场培训讲解。当然这一切最开始是政府出面组织的，因为某区县农民自主获取信息意识薄弱，同时也不知道以何种方式去获取自己需要的信息。政府出面组织的能让农民相信认可也易于接受。政府在解决农业信息服务“最后一公里”的问题时，一开始需要扮演一个教师角色把信息引入并灌输给农民，逐步提高农民自己主动获取农业相关信息的积极性。当整个信息服务模式成熟后，政府就需要规范服务过程，由一个倡导者转变成一个服务者。

农民的市场意识薄弱，市场信息极度匮乏，获取市场信息的渠道有限，这需要某区县政府和各农业加工商家合作，鼓励农民多种植经济作物，同时通过电视、短信、网络等渠道为农民提供市场需求信息，为商家提供本地农作物供应信息。可以把信息服务站的触摸屏系统与某区县农业信息网连接，鼓励信息服务站的工作人员向周边农民宣传最新市场信息，在地方电视台的农业新闻节目里实时播报市场信息，发布供求信息，同时可以开通热线电话和短信平台供农民咨询。

该区县农民通常对国家、地方的农业政策不甚了解，也从不主动了解，大多数农民认为自己只需要安分守己地过自己的生活，不做违法的事情就好，了解国家、地方农业政策对他们来说没有必要。针对农民的这种心态，政府有必要强制农民接收、了解相关信息，不过通过互联网、电视平台传递信息的效果可能不是很好，可以通过短信平台向农民播报最新政策和农业动态，同时让乡镇信息服务站的工作人员以会议的形式传达给农民。

现代社会是知识经济时代，对信息的掌握至关重要，重庆该区县农业经济的发展也必须依靠信息，但是基于目前该区县农民的文化素质低和信息意识薄弱的现状，重庆该区县政府应该带领农民主动地去了解、学习、运用现代信息技术获取自己需要的农业信息。同时该区县政府应该建立一个完整的能把信息传入每一个农民耳朵里的信息服务模式，促进农村电子商务及农业经济的发展。

2.4 中国电子商务存在的问题

电子商务在我国的壮大并不只是表现在电子商务市场交易额的扩大以及从业人员的扩张，也体现在由电子商务所带动起来的其他行业的快速发展。虽然我国的电子商务总量上在逐年增长，然而其发展却存在典型的地域不平衡性，东南沿海属于较发达地区，北部和中部属于快速发展地区，而西部则相对落后，并且关于电商的投诉也始终没有停息。

2.4.1 电子商务安全与立法问题

电子商务的安全问题已经成为困扰国家、各企业以及电子商务用户的重大问题，是影响电子商务发展的主要因素之一。由于互联网的迅速流行，电子商务引起了人们广泛的注意，被公认为是未来 IT（互联网技术）最有潜力的增长点，然而，这一增长点在很多人心里却成为了获取不法收益的工具，大多数用户不愿参与电商交易的主要原因就是担心遭遇黑客的侵袭而导致不必要的损失。此外，2012 年，当当网、1 号店、亚马逊中国、国美在线、易迅网、库巴网等多家电商网站，先后遭遇“盗号门”，被曝用户账户信息泄露、账户资金被盗用。其中当当网在半年内就遭遇了三次信息被盗事件，1 号店网上商城员工与离职、外部人员内外勾结，叫卖用户信息，造成部分客户信息泄露。此外，窝窝团、拉手网、糯米网等多家团购网站也被爆出用户账户资金被盗用。个人用户信息安全、财产安全问题再次成为大家关注的焦点，网络信息安全立法的必要性和紧迫性再次凸显。电子商务的运行和发展离不开法律、法规的保障，我国政府相关部门虽然制定了一些规范电子商务的法律和规章制度，但是由于我国电子商务起步晚，发展还不成熟，一些问题的处理办法在法律上还是空白，一些法律、法规还不健全，因此政府应当健全法律、法规，为电子商务的发展创造良好的市场环境。

2.4.2 电子商务的征税问题

由于目前社会对电子商务征税缺乏认同，加上我国信息化水平较低，电子商务的交易活动是在没有固定场所的国际信息网络环境下进行，对电子商务的税收监管难度大、成本高，因此，在现行的税收体系下无法实现有效征税。此外，电子商务在解决就业等方面能发挥重要作用，对其征税会抑制人们利用网络创业的热情，不利于电子商务的发展。所以，建立一个既促进电子商务健康发展，又确保税收主权和公民利益实现的税收征管新秩序，成为我国税收实践中亟待解决的一个重大课题。

2.4.3　电子商务应用地域差距大

据中国电子商务研究中心监测数据显示，目前国内电子商务服务企业主要分布在长三角、珠三角一带以及北京、上海等经济较为发达的省市。在企业区域的分布上，排在前十的省份（含直辖市）分别为：浙江省、广东省、上海市、北京市、江苏省、山东省、四川省、河北省、河南省、福建省。目前，国内电子商务企业分布主要还是集中在长三角、珠三角地区。电子商务作为新经济，企业的发展跟地方经济密切相关，这在区域分布上体现明显。北京市、上海市、浙江省、广东省等沿海地区由于经济发达，人们接受新事物的能力较强，为电子商务的发展奠定了良好基础。但是，其他地区的电商市场发展不够，其地区经济明显没有被较具发展潜力的电子商务产业带动起来，所以缩小地区差距，使电子商务产业在地区间发展平衡也是亟待解决的问题。

2.4.4　电子商务的人才匮乏

随着国家政策对电子商务的升温，未来 5 年，我国3 000多万家中小企业将有半数企业尝试发展电子商务，电子商务的人才需求更加趋紧。电子商务需要的人才既要求掌握计算机网络技术，又要求懂得运用商品交易理论，尤其是做商品外贸出口的电子商务网站和公司，需要英语能力很强的人才。虽然我国现在各大高校开设了电子商务相关专业，培养了不少的电子商务人才，但毕竟电子商务在我国起步比较晚，培养的人才满足不了日益扩大的电子商务市场。专业人才的缺乏会阻碍我国电子商务的发展和运行，因此，我国应该加大对技术人才的培养。

我国电子商务行业人才稀缺，主要表现有以下四个特征：一是行业急速扩张，人才缺口巨大；二是电商人才稀缺，流动性大；三是电商企业人力资源成本高；四是企业人力资源管理难度增大。

参考文献

[1] 佚名. 第36次中国互联网络发展状况统计报告[EB/OL]. [2015-07-22] http://www.cnnic.net.cn/hlwfzyj/hlwxzbg/.

[2] 曹玫. 电子商务与立法[J]. 电子商务世界，2003.

[3] 唐毅. 我国电子商务环境下的税收流失问题[J]. 中国电子商务，2011.

[4] 中国电子商务研究中心. 2012中国电子商务人才状况报告[R]. 杭州：中国电子商务研究中心，2012.

[5] 赵敏. 河北省金融服务业发展路径研究[D]. 石家庄：河北经贸大学，2011.

[6] 司增绰. 中国流通产业的关联效应与发展路径研究——以批发和零售业为例[J]. 山东财经大学学报，2013，125 (3).

[7] 张哲. 基于食物网理论的交通运输业发展力研究[J]. 公路交通科技，2011，28 (6).

[8] 陈玲. 现代商贸业的产业先导作用及创新发展路径[J]. 城市问题，2010 (10).

[9] 韩顺法. 文化产业对相关产业的带动效应研究[J]. 商业经济与管理，2012，249 (7).

[10] 张强，王娇阳. 移动电子商务的现状及发展趋势[J]. 中国电子商务，2012 (18).

第3章

电子商务交易商家与商家之间收益的多维博弈

电子商务的迅速发展使得越来越多的企业开始涉足该领域，市场变得愈发激烈，电子商务平台上的卖家绝大多数可以看作小型商业组织，而销售同类产品的商家之间存在着“单点竞争”和“多点竞争”，卖家之间的销售策略以及相互的博弈也愈发激烈。基于上述环境，本书在此基础上引进了多维博弈来研究电子商务环境下多个商家之间的博弈分析。目前，在博弈理论中所涉及的基本都是“一维”博弈。每个企业选择某一种产品价格策略时不仅要考虑对手所选择的同类产品价格策略，而且也要考虑自己和对手在其他产品上的价格策略，即应该考虑如何选择一个最优的价格向量（成为策略向量）来最大化本企业整体利润。面对互联网环境，波特曾指出，虽然互联网降低了沟通、信息收集和交易成本，但决定产业吸引力的仍然是传统的五种竞争力量。因此，本书分析电子商务卖家面临的竞争环境，即电子商务产业的发展环境，并在此基础上，引进多维博弈论。在激烈的市场竞争中，除了价格策略，每一个企业的其他任何策略都可能影响到其他企业的需求状况，企业为获得更大的经济效益，往往需要从多个方面同时与其他企业进行博弈，所以分析在电子商务环境下多个商家之间在价格、交易服务投入、广告投入等方面进行的多维博弈，研究在其状态下的纳什均衡，对电子商务卖家之间的竞争与合作具有一定的意义。

3.1 文献综述

对于我国电子商务产业发展环境，国内外学者做了一些相关研究，主要有以下内容。于永达等通过对电子商务的生产要素、产业支撑、政策管理以及市场需求等应用环境的发育度、平衡度和协调度的分析，指出当前我国电子商务产业应用环境的特点是：电子商务发展仍然依靠需求拉动，而政策支持、生产要素和产业支撑相对滞后。唐云锦认为影响电子商务产业发展的主要环境因素是网络基础设施、配套的法律环境、安全的电子商务应用环境、完善的物流配送体系和人才环境等五个方面，这五个方面是电子商务产业发展所面临的主要环境因素，是电子商务健康、快速发展的关键之所在。Edwards 等通过了解本国之前一系列有可能影响电子商务发展环境可持续的因素，确定了两点重要的因素来维持电子商务产业环境的可持续，即：一是现有的信息通信技术基础设施；二是劳动力教育。

针对电子商务环境下的商家之间的竞争博弈研究，国内学者主要从如下方面做了相关研究。Grover 等认为随着电子商务的到来，商业环境正发生着急剧的变化，迫使企业从价格竞争策略转向其他的策略，因此企业之间的博弈问题日益受到关注，企业主们必须构想出新的垄断权力以获得更多的消费者剩余，他们提到了 4 点博弈战略：①版本控制战略；②混杂策略；③网络效应战略；④定价策略。Pedro M. Reyes 以 Shapely

法与合作博弈的理论方法来解决电子商务中的供应链与卖家的中转问题，他在一个三人游戏的非合作环境中以一个具体的数值例子做了具体分析，他研究的主要贡献是建立联盟，以提供一个更加稳定和和谐的解决方案汇总。谭德庆在其论文中首先研究了完全信息静态多维博弈和完全信息动态多维博弈、双寡头 Cournot 静态二维博弈模型、双寡头 Bertrand 静态二维博弈模型、两个静态三维博弈模型、产品广告、产品服务投入和价格选择的静态三维博弈模型、双寡头 Cournot 动态二维博弈模型等，对多维博弈在经济活动中的具体应用进行了详细的研究，为多维博弈以后的相关研究提供了重要的参考。薛有志等基于 C2C 模式的电子商务环境分析了卖家面对的竞争环境，指出他们面临着两种形式的竞争，然后他提出了 C2C 电子商务卖家可以采取的五种具体战略，即产品优选战略、聚类战略、成本领先战略、信誉领先战略和集中一点——单品制胜战略，并研究了这五种战略能够给 C2C 卖家带来的优势；他以淘宝网为例作了实证分析，为以后的研究提供了参考。李卫宁等将波特的行业竞争结构模型应用于分析电子商务时代企业的竞争结构，企业必须从价值创造和核心专长上建立自己的长期优势，他们为电子商务行业的竞争战略选择提供了新思路。滕佳东等分析了电子商务的特点和竞争优势，指出了电子商务将对企业造成五个方面的影响和变革，以及为了提高企业竞争力发展电子商务的策略，其中提到了电子商务环境下企业之间的竞争方式的改变；电子商务改变上下游企业之间的成本结构，使上游企业或下游企业改变供销合同的机会成本提高，从而进一步密切了上下游企业之间的战略联盟。张正春等利用 Lotka-Volterra 模型对电子商务环境下的网站商家竞争进行了数量分析，分析结果表明对于三个实力相同的电子商务网站，在他们竞争时，竞争的最终结果与竞争强度和初始用户量有关。鲁瑛在 C2C 电子商务的环境下以淘宝网为例分析了其竞争策略，主要是高度差异化的产品、良好的生态链、成熟的运营体系。李艳会等构建了电子商务网站竞争模型，然后利用常微分方程的知识对二维的特殊情形进行了定性分析和仿真，并用数值仿真分析了模型中的有关参数对系统的作用，然后针对分析结果讨论了影响网站发展的主导因素，但作者只讨论了两个商家进行博弈的数学模型，而对多个网站竞争下的模型没有涉及。于忠华等运用博弈方法对电子商务交易中买卖双方的诚实行为，从一次性交易和重复交易两个角度做了详细的分析，建立了电子商务交易监管模型。邢伟等研究了 B2B 电子市场环境下一个供应商和一个零售商组成的供应链，并对二者在交易过程中的博弈进行了分析，给出了供应商和零售商的最优反应策略，分析了 B2B 电子市场价格波动率对二者最优策略的影响。周春林等从电子商务产业发展过程中的信息不对称现象出发，对商家和消费者的博弈策略进行了研究，得出了两种博弈条件下的均衡结果，并提出了商家选择诚信策略的收益大于或等于不诚信的收益的对策建议。苗苗等运用博弈论方法，通过建立完全信息静态博弈模型以及重复博弈模型，对 C2C 市场上的卖家诚信和卖家的购买选择策略进行了研究。

目前，网上商店主要有两种形式：一种是自立门户型网上商店；另一种是建立在第三方提供的电子商务平台上由商家自行开展网上销售业务的个人网店。网店开店的主要策略有：①寻找适合的货源，降低进货成本，缩减启动资金；②合伙经营，共同出资，分工协作；③重视经营细节，积极主动沟通；④学习经验，总结推广，积极参加各类促销活动；⑤面对困难，坚持不懈。邓平总结了网上开店的几点策略：①选择合适的电子商务平台，一个良好的电子商务平台应该知名度高、品牌形象好、流量大，有完善的支付和配送体系，稳定的后台技术、快速周到的顾客服务、完善的检点功能；②搞好网上商店的推广，可以利用平台提供商的推广，也可以网上商店自行推广；③建立良好的信誉，要了解网上的信用制度情况，靠诚实经营来提高自己的信用度，获得用户的好评。魏明侠认为现代企业电子商务的竞争核心之一就是信用与风险体系是否完善，电子商务信用风险已成为电子商务进一步发展的主要障碍。Dan J. Kim 等建立了一个基于 B2C 平台的电子商务在线交流多维信用体系模型，此外，提出了技术接受模型，从感知的有用性和感知的易用性来考察用户对一项新技术的接受程度，技术接受是对电子商务系统内在控制机理的信任。随着电子商务的逐渐发展，来自消费者的压力和企业想占领市场的先机的渴望，使企业电子商务竞争愈发激烈，低价策略并不一定能在竞争中获胜，正确运用定价手段，才能给企业带来成功。Lu 等研究了电子商务环境下供应商和零售商的定价策略，通过两种类型的斯坦克伯格定价博弈与纳什定价博弈的分析，他们认为零售商喜欢统一定价，而供应商则偏向于在高效率的电子商务渠道下的差别定价，以赚取更多的利润。李志强借助博弈论、消费者需求弹性分析以及埃奇沃思盒状图的分析方法，对企业之间电子商务价格战进行了分析，并在此基础之上提出了低成本定价、最高心理价格战、差别定价等电子商务定价战略选择标准和定价方法。唐磊等认为随着电子商务应用技术的提高，拍卖和动态定价将成为网络环境下企业定价的趋势。互联网提供了一个非常广阔的虚拟商业环境，在此环境中企业的合作者、竞争者、顾客、供应商之间的关系发生了新的变化，传统的市场营销管理强调 4P 组合，即 Product（产品）、Price（价格）、Place（渠道）、Promotion（宣传）的组合；而面向电子商务的现代市场营销则强调 4C 组合，即 Customer（顾客）、Cost（成本价值）、Convenience（方便性）、Communication（沟通）的组合。如不对营销战略作经常性的调整，任何一家企业都难以获得持久的竞争优势。李振华等在姜旭平先生的 4C 营销策略的基础上，提出了另外的 3C 策略，形成了 B2C

型电子商务7C营销策略，包括顾客策略、成本价值策略、方便性策略、沟通策略、信用策略、创新策略、核心能力策略，并构建了7C营销组合策略与传统经典4P营销组合策略的平面整合和立体整合模型[23]。梁唯溪等围绕产品、价格、分销渠道和促销等营销要素，分析了面向电子商务的企业市场营销策略与传统营销策略的区别与联系，给出了具体的电子商务营销模式，包括其产品策略、价格策略、分销策略、促销策略等，并给出了营销效果评估的指标和方法[24]。

从以上分析可以看出国内学者对于电子商务环境下网上商家的各种经营策略做了比较详细的研究。国内学者对电子商务环境下的买卖双方交易的博弈研究主要着眼于交易过程中的诚信行为，建立了相应的交易双方博弈模型，考虑电子商务环境下同质产品商家之间的博弈的研究还很少见。我们从多维博弈理论出发，结合电子商务网上商家的经营特殊性，在前人研究的基础上，建立了电子商务环境下的同质产品的多商家的多维博弈模型，对网上商家的策略博弈进行了详细的分析。

3.2 模型假定

假定条件：

（1）某网上购物商城共有$n(n \geqslant 2)$家销售不同质量和不同品牌的同种商品的商家，它们所销售的此类商品全在某一地区进行销售，并且垄断了该地区市场；

（2）在完全信息条件下，所有商家同时行动；

（3）任一商家的商品需求量是其广告投入、相关交易服务投入和其他商家的商品售价的增函数，同时也分别是其商品售价、其他商家广告投入和相关交易服务投入的减函数；

（4）任一商家分别在商品销售价格、广告投入和相关服务投入上的策略对其他商家商品消费者需求量的影响系数是相同的；

考虑一般情况，不考虑商家的前期投入成本，比如押金、进货成本和购买模板成本，同时商家 i 销售商品的边际成本为常数 $C_i(i=1，2，\cdots，n)$。

下面就电子商务环境下，网上商家如何选择广告、相关交易服务投入和商品售价策略，才能获得最大化的利润进行分析。

设商家 $i(i=1，2，\cdots，n)$ 选择这种商品的广告、相关交易服务投入和销售价格策略向量为，$(a_1，r_1，p_1)\geqslant 0$，$a_i\in A_i$，$r_i\in R_i$，$p_i\in P_i$，P_i，R_i，A_i 三者分别表示商家的广告投入、商品售价和有关交易和售后等服务费用的策略空间。假设商家 i 的该商品的消费者需求函数为：

$$Q_i=Q_i\{(a_1，r_1，p_1)，(a_2，r_2，p_2)，\cdots，(a_i，r_i，p_i)，\cdots，(a_n，r_n，p_n)\}$$

$$=G-k_{1i}p_i+\sum_{\substack{j=1\\j\neq i}}^{n}k_{2i}p_j+k_{3i}\sqrt{a_i}-\sum_{\substack{j=1\\j\neq i}}^{n}k_{4i}\sqrt{a_j}+k_{5i}\sqrt{r_i}-\sum_{\substack{j=1\\j\neq i}}^{n}k_{6i}\sqrt{r_j}，\ i=1，2，\cdots，n$$

其中，G 是这一地区该类商品的总需求量，且 $0<C_i<G$；k_{mt} 表示相应策略下对商家 i 商品的消费者需求量的影响系数，$k_{mt}>0(m=1，2，\cdots，6；t=1，2，\cdots，n)$。

因此，商家 i 的收入函数为：

$$I_i=I_i\{(a_1，r_1，p_1)，(a_2，r_2，p_2)，\cdots，(a_i，r_i，p_i)，\cdots，(a_n，r_n，p_n)\}$$

$$=Q_i(p_i-c_i)-a_i-r_i$$

$$=(G-k_{1ipi}+\sum_{\substack{j=1\\j\neq i}}^{n}k_{2i}p_j+k_{3i}\sqrt{a_i}-\sum_{\substack{j=1\\j\neq i}}^{n}k_{4i}\sqrt{a_j}+k_{5i}\sqrt{r_i}$$

$$- \sum_{\substack{j=1 \\ j\neq i}}^{n} k_{6i}\sqrt{r_j})(p_i - C_i) - a_i - r_i$$

显然，上面的收入函数 I_i 连续可导。

由于商家 i 的策略空间 P_i，R_i，A_i 是凸子集，收入函数 I_i 在策略集合 $\{(a_1, r_1, p_1), (a_2, r_2, p_2), \cdots, (a_i, r_i, p_i), \cdots, (a_n, r_n, p_n)\}$ 上是连续的，且当商家 i 的纯策略向量 (a_i, r_i, p_i) 为拟凹时，该多维博弈存在一个纯策略纳什均衡。

3.3 均衡求解

分别对商家的收入函数 I_i 求关于 a_i，r_i，p_i 的一阶导数，并令其等于零，即：

$$\frac{\partial I_i}{\partial a_i} = \frac{k_{3i}}{2\sqrt{a_i}}(p_i - C_i) - 1 = 0;\ \frac{\partial I_i}{\partial r_i} = \frac{k_{5i}}{2\sqrt{r_i}}(p_i - C_i) - 1 = 0$$

$$\frac{\partial I_i}{\partial p_i} = -k_{1i}(p_i - C_i) + G - k_{1i}p_i + \sum_{\substack{j=1 \\ j\neq i}}^{n} k_{2i}p_j + k_{3i}\sqrt{a_i} - \sum_{\substack{j=1 \\ j\neq i}}^{n} k_{4i}\sqrt{a_j}$$

$$+ k_{5i}\sqrt{r_i} - \sum_{\substack{j=1 \\ j\neq i}}^{n} k_{6i}\sqrt{r_j} = 0$$

将上述等式写成矩阵形式，如下所示：

$$\begin{bmatrix} -1 & 0 & \frac{k_{3i}}{2} \\ 0 & -1 & \frac{k_{5i}}{2} \\ -k_{3i} & -k_{5i} & 2k_{1i} \end{bmatrix} \begin{bmatrix} \sqrt{a_i} \\ \sqrt{r_i} \\ p_i \end{bmatrix} + \sum_{\substack{j=1 \\ j\neq i}}^{n} \begin{bmatrix} 0 & 0 & 0 \\ 0 & 0 & 0 \\ k_{4j} & k_{6j} & -k_{2j} \end{bmatrix} \begin{bmatrix} \sqrt{a_i} \\ \sqrt{r_i} \\ p_i \end{bmatrix}$$

$$=\begin{bmatrix}\dfrac{k_{3i}C_i}{2}\\ \dfrac{k_{5i}C_i}{2}\\ G+k_{1i}C_i\end{bmatrix} \tag{3-1}$$

令

$$B_i=\begin{bmatrix}-1 & 0 & \dfrac{k_{3i}}{2}\\ 0 & -1 & \dfrac{k_{5i}}{2}\\ -k_{3i} & -k_{5i} & 2k_{1i}\end{bmatrix},\ D_i=\begin{bmatrix}0 & 0 & 0\\ 0 & 0 & 0\\ k_{4j} & k_{6j} & -k_{2j}\end{bmatrix},$$

$$E_i=\begin{bmatrix}\dfrac{k_{3i}C_i}{2}\\ \dfrac{k_{5i}C_i}{2}\\ G+k_{1i}C_i\end{bmatrix},\ X=\begin{bmatrix}\sqrt{a_i}\\ p_i\\ \sqrt{s_i}\end{bmatrix}(i=1,\ 2,\ \cdots,\ n),$$

$$E_i=\begin{bmatrix}\dfrac{k_{1i}C_i}{2}\\ \dfrac{k_{5i}C_i}{2}\\ G+k_{3i}C_i\end{bmatrix}(i=1,\ 2,\ \cdots,\ n)$$

则上式（3-1）可写成矩阵方程形式：$B_iX_i+\sum\limits_{\substack{j=1\\ j\neq i}}^{n}D_jX_j=E_i$，$i=1,\ 2,\ \cdots,\ n$，即可得到关于 X_1，X_2，…，X_n 的矩阵方程组

$$B_1X_1+D_2X_2+\cdots+D_nX_n=E_1$$

$$D_1X_1+B_2X_2+\cdots+D_nX_n=E_2$$

$$\vdots$$

$$D_1X_1 + D_2X_2 + \cdots + B_nX_n = E_n \tag{3-2}$$

方程组（3-2）可以写成分块矩阵方程形式：

$$\begin{bmatrix} B_1 & D_2 & \cdots & D_n \\ D_1 & B_2 & \cdots & D_n \\ \vdots & \vdots & \vdots & \vdots \\ D_1 & D_2 & \cdots & B_n \end{bmatrix} = \begin{bmatrix} X_1 \\ X_2 \\ \vdots \\ X_n \end{bmatrix} \begin{bmatrix} E_1 \\ E_2 \\ \vdots \\ E_n \end{bmatrix} \tag{3-3}$$

若式（3-3）左端第一个分块矩阵是可逆矩阵，则方程（3-2）有唯一解，计算得到均衡解为：

$$\begin{bmatrix} X_1^* \\ X_2^* \\ \vdots \\ X_n^* \end{bmatrix} = \begin{bmatrix} B_1 & D_2 & \cdots & D_n \\ D_1 & B_2 & \cdots & D_n \\ \vdots & \vdots & \vdots & \vdots \\ D_1 & D_2 & \cdots & B_n \end{bmatrix}^{-1} \begin{bmatrix} E_1 \\ E_2 \\ \vdots \\ E_n \end{bmatrix} \tag{3-4}$$

只要求出商家 i 的最优解 $X^* = (\sqrt{a_i},\ \sqrt{r_i},\ p_i)^{*T}$，就能求得 n 个商家在商品广告、相关交易服务和商品售价选择上的最优策略 $\{(a_1,\ r_1,\ p_1)^{*T},\ (a_2,\ r_2,\ p_2)^{*T},\ \cdots,\ (a_n,\ r_n,\ p_n)^{*T}\} = \{((\sqrt{a_1})^2,\ (\sqrt{r_1})^2,\ p_1)^{*T},\ ((\sqrt{a_2})^2,\ (\sqrt{r_2})^2,\ p_2)^{*T},\ \cdots,\ ((\sqrt{a_n})^2,\ (\sqrt{r_n})^2,\ p_n)^{*T}\}$

特殊情况分析：（1）当 n 个商家只进行商品广告投入和商品价格二维博弈而不进行相关交易服务博弈时，只需在式（3-4）中，令 $k_{5i} = k_{6i} = 0$，即可得到相应的均衡解，其中：

$$B_i = \begin{bmatrix} -1 & 0 & \dfrac{k_{3i}}{2} \\ 0 & -1 & \dfrac{k_{5i}}{2} \\ -k_{3i} & 0 & 2k_{1i} \end{bmatrix},\ D_i = \begin{bmatrix} 0 & 0 & 0 \\ 0 & 0 & 0 \\ k_{4j} & 0 & -k_{2j} \end{bmatrix},\ E_i = \begin{bmatrix} \dfrac{k_{3i}C_i}{2} \end{bmatrix}$$

（2）当n个商家只进行相关交易服务投入和商品售价二维博弈而不进行商品广告投入博弈时，只需在式（3-4）中，令$k_{3i}=k_{4j}=0$，即可得到相应的均衡解。

由上述均衡解可以看出，在电子商务环境下，当多家商家经营同种商品时，为了获得更大的商品利润而采取广告、相关交易服务和商品售价策略，商家应该综合考虑着三方面的策略，选择最优的策略组合。如在同等条件下，只采取提高广告投入和相关交易服务优化投入，而对商品售价不作调整；或者，只进行相关交易服务投入和商品定价两方面的博弈，而不进行广告投入博弈。各商家只有这样才能在电子商务的竞争中获得最大化利润。

3.4 小结

电子商务环境下的商家之间竞争已经比传统的竞争模式变得更加多元化和动态化。电子商务环境下，网上商家的经营模式趋于多样化，店家之间的竞争，尤其是同质商品店家之间的竞争越来越激烈，在满足消费者的性价比期望值的同时，如何协调各方面的投入成为赢得这场竞争的关键。在分析我国电子商务产业发展环境的基础上，本章从多维博弈理论出发，针对电子商务环境下的多个同质商品经营商家的博弈进行了深入分析，主要的策略变量有广告投入、相关交易服务投入和商品售价，通过求解，得到了多维博弈下的商家博弈的均衡解，亦即商家取得收益最大化的策略组合，为优化电子商务竞争环境，指导网上商家的良性竞争起到促进作用。与此同时，对国内外关于网上商家的开店策略和营销策略进行了研究分析。面对复杂多变的市场需求，网上商家之间的博弈变得更加灵活，从多维博弈理论出发，设定网上同质产品卖家的博弈策略条件，建立了电子商务环境下的多商家的多维博弈模型，并进行了均衡求解，对均衡结果进行了初步分析，发现在电子商务环境下，网上商家的博弈策略存在最优的均衡策略，这对于优化我国电子商务环境下的商家博弈和竞争具有一定的指导意义。但是书中假设的情况是在某一网上商城的同质商品卖家的多维博弈情形，并没有考虑环境和政策等其他外部因素，得出的结果也有一定的局限性。

参考文献

[1] 于永达，郭沛源. 我国电子商务应用环境研究 [J]. 科学学与科学技术管理，2006，27（6）.

[2] 唐云锦. 电子商务发展环境浅析 [J]. 商业研究，2003，14.

[3] Edwards J E, Halawi L A. Creating a Sustainable E-commerce Environment [J]. International Journal of Business Research, 2008, 8 (2).

[4] Choi D, Kim J. Why People Continue to Play Online Games: In Search of Critical Design Factors to Increase Customer Loyalty to Online Contents [J]. Cyber Psychology & Behavior, 2004, 7 (1).

[5] Reyes P M. Logistics Networks: A Game Theory Application for Solving the Transshipment Problem [J]. Applied Mathematics and Computation, 2005, 168 (2).

[6] 谭德庆. 多维博弈及应用研究 [D]. 成都：西南交通大学，2004.

[7] 薛有志，郭勇峰. C2C 电子商务卖家的竞争战略研究：基于淘宝网的分析 [J]. 南开管理评论，2012，15（5）.

[8] 李卫宁，蓝海林. 电子商务时代的竞争结构分析 [J]. 山西大学学报：哲学社会科学版，2001，2.

[9] 滕佳东，姜春荣. 电子商务与企业竞争力［J］. 财经问题研究，2000，6.

[10] 张正春，赵建东. 电子商务网站竞争模型分析及其策略［J］. 数学的实践与认识，2010.

[11] 鲁瑛. 当前C2C交易市场中淘宝网的竞争策略分析［J］. 北京化工大学学报：社会科学版，2008，4.

[12] 李艳会，朱思铭. 一类电子商务网站竞争模型分析［J］. 中山大学学报：自然科学版，2003，5.

[13] 于忠华，史本山，刘晓红. 电子商务交易中买卖双方诚实行为的博弈分析［J］. 商业研究，2006，7.

[14] 邢伟，汪寿阳，冯耕中. B2B电子市场环境下供需双方博弈分析［J］. 系统工程理论与实践，2008，28（7）.

[15] 周春林，邹丽芳. 电子商务交易双方的博弈模型分析［J］. 经济问题探索，2010，1.

[16] 王晓燕. C2C电子商务中的信任问题：一个进化博弈分析模型［J］. 商业研究，2005，6.

[17] 陈晴光. 网上开店赢利的影响因素与成功策略探析［J］. 浙江万里学院学报，2007，20（2）.

[18] 魏明侠. 电子商务信用风险系统研究［J］. 预测，2005，24（5）.

[19] Kim D J，et al. A Multidimensional Trust Formation Model in B-to-C E-commerce：A Conceptual Framework and Content Analyses of Academia/Practitioner Perspectives［J］. Decision Support Systems，2005，40（2）.

[20] Lu Q，Liu N. Pricing Games of Mixed Conventional and E-commerce Distribution Channels［J］. Computers & Industrial Engineering，2012.

[21] 李志强. 论电子商务的定价战略［J］. 外国经济与管理，2002，24（10）.

［22］唐磊，赵林度. 电子商务中基于客户偏好的动态定价［J］. 东南大学学报，2002（10）.

［23］李振华，王浣尘. B2C 型电子商务的营销组合策略研究［J］. 科学学与科学技术管理，2002，4.

［24］梁唯溪，黎志成. 面向电子商务的企业市场营销策略［J］. 科技进步与对策，2002，4.

第 4 章

基于信息构建的电子商务网站建设

随着互联网的迅速发展，很多企业单位拥有了自己的电子商务网站，经过多年的建设发展和规模的不断扩大，这些电子商务网站积累了大量的数据。随之而来的是在电子商务网站上得到有用的数据变得越来越困难。为了提高网站的信息服务质量，建设信息构建型网站势在必行。舍弃现有的网站，建设全新的基于信息构建（Information Architecture，以下简称 IA）思想的网站是个理想的解决方案，但这一方案在经济上和时间上都耗费不虚。如果能在现有网站的基础上，运用 IA 理论方法对其进行优化改进，从而改进网站的信息组织结构，提高用户满意度和网站信息的可用性，达到 IA 的设计目标，无论在经济上还是在人力、物力上都是个不错的选择。本章主要对现有电子商务网站系统的 IA 改造过程中所需要的相关技术和方法进行探讨。

信息构建是 19 世纪 70 年代中期兴起、90 年代末期得到广泛推崇和快速发展的一种信息组织和管理的理论。其是组织信息和设计信息环境、信息空间或信息体系结构，以满足需求者的信息需求、实现他们与信息交互的目标的一门艺术和科学。它包括调查、分析、设计和执行过程，涉及组织、标识、导航和搜索系统的设计，目的是帮助人们成功地发现和管理信息。

信息构建自90年代末期以来受到了各方瞩目，发展势头迅猛，甚至其理论的创始者 Richard Surl Wurman 先生对它似乎在一夜之间风靡世界的情形也始料不及。美国信息科学技术协会（ASIST）自2000年以来连续7年召开专门的 IA 峰会，对 IA 的研究从最初的含义理解和探讨逐步深入到对 IA 实践的理论指导，学会还成立专门的 IA 兴趣小组，会刊也出版了 IA 专集，对一个专业问题如此的重视，这在学会历史上也是少有的。

信息构建的兴起和普及并不是偶然现象，它与我们这个社会日益恶化的信息环境问题是密切相关的。由于信息处理和传播能力的不断加强，信息媒体的日益丰富多彩，信息的泛滥和污染现象无处不在，而社会在提供有用信息的能力上还没有得到有效的加强。由于人们更多地依赖信息工作和生活，而大量的信息已经超出了人们吸收的能力，人们获得有用信息的困难增大，社会普遍存在着信息焦虑。

以从事信息构建工作为职业的人自称信息建筑师（Information Architect），很多的人，特别是从事网站设计、网站编辑、网络开发、软件开发、信息系统设计、项目管理、网站运行管理和维护的人们都以拥有此头衔为荣耀。《纽约时报》2001年刊登的一条消息说，沃尔曼先生估计在美国今天有2万到10万人在他们的名片上写着“信息建筑师”。此外，不仅在名片上，人们还在信笺上、网络上以及他们的网页上纷纷使用信息建筑师这个标签。

信息构建理论对网站信息提供者而言，其要求在于：

（1）保证信息的可理解性。当前应该进一步研究信息的组织方式、展示方式、构成方式，使信息传递达到这样一种要求：对普通的信息用户而言，在任何时候、任何地点、任何条件下，信息不仅是能够得到的，而且是可以和容易理解的。

（2）将信息传播过程看作是一个未完成的过程。我们必须把传播信息的过程看作是一个未完成的过程，即如果没有用户感知其中的信息、领悟其中的内容、理解和利用其中的信息，信息的传播过程就没有完成。用户是信息传播过程的主动参与者，不是被动的信息接收者，他们要根据捕捉的信息结合自己头脑中的知识结构，从信息符号、信息内容和信息结构中生成意义。信息创建者和信息传递者不能代替信息接收者的意义生成过程，他们只可以力图去分析和理解这个过程，并为此过程做好准备，促使这个过程的发生。将信息传播过程看成是一个未完成或期待完成的过程还意味着：容纳信息和传播信息的信息结构的优劣不仅仅以信息组织的逻辑性和科学性作为评价标准，而要以信息的可用性、易用性、清晰性、可理解性为重要的标准。现代的信息系统是一个期待用户参与才能实现完美的系统输出的整体，因此从信息收集、信息加工、信息储存、信息维护、信息传输到信息使用这样的信息生命周期的全过程中都要重视用户的要求、用户的体验和用户的感受。

（3）增强创建有用信息的能力。国内外一些学者已经注意到一个事实：即信息技术的发展极大地提高了传输原始信号的能力，它使得我们的社会信息传输量达到了前所未有的地步。但是，很多人混淆了传输信息的能力与建立有益信息的能力之间的界限，以为只要能够拥有大量的信息便可以使人们做出正确的判断和决策。目前应该开发的领域是：如何增长见识和增强能力，采取某种方式，促进对所传递信息的可感知性和可理解性，将数据转变为可用的信息，将信息转变为知识。而构建信息的结构和信息环境，促进信息理解的方式即属于一种创建有用信息的方式，信息构建结果可以促进用户对信息的感知，促进信息的深度检索和广度检索能力，促进对不同媒体和工具的认识和把握。

（4）信息组织不能只满足于信息的序化。沃尔曼先生认为："当前存在一种误解，认为有序是解决问题的良方。也就是说，如果能按照一种更为有序的方式发送信息，就可以使它更容易理解。事实上，顺序并不是理解的保障，而且有时恰恰相反。"沃尔曼先生是在为治疗"信息焦虑"提供方法时说这段话的，它给予笔者的联想和感触是：如果有序化并不能完全解决有益信息利用的困难，那么它对我们一直倡导的"信息的有序化是组织信息的目标"这个观念提出了挑战。事实上，对于信息量巨大的信息集合，采用精确的信息序化方式的确不能解决信息理解困难的难题。以搜索引擎的输出结果为例，如果大量的结果是按照精确的字母顺序组织的，用户要判断其中有价值的信息就很困难，实际上它增加了信息提取和利用的困难，而如果大量的结果能够按照面向任务的模糊组织方式组织，效果会比精确组织方案要好。由此，我们提出：信息组织追求的目标不是信息的精确有序，而是便于用户作出信息价值和相关性判断，便于用户提取和利用。在某些条件下这两者能够统一起来，表现为序化后的信息易于理解和判断，而在另一些条件下，这两者有冲突，表现为序化后的信息仍然难于理解和判断。信息的组织方式、信息结构的设计方式将深深影响人们学习的过程和他们在广泛意义上获知知识的能力，这是对信息组织设计领域、信息建筑师、专业人士的真正的挑战。

（5）重视信息的展示方式。从信息接受的感性方面看，现代科学技术为人类提供了强大的信息传播功能，当人们的信息内容传递和接收的技术问题逐步被解决以后，信息传递和接收过程中人的精神的、感性的某方面因素成为了主要的矛盾。尽管比起内容传递，这种感性的东西比较难以把握，但是利用心理学、认知科学和社会学的一些方法仍然能够掌握其中的规律。信息接受过程是一个复杂的心理过程，除了知识匹配等理性的因素起作用外，感性的东西如情绪、感受等在信息接受过程中同样起到重要的作用。呈现信息或传送信息的方式会影响人们接收和解释信息的方式，也会影响信息内容的传递效果。既然如此，信息传播就不能单纯注意如何将信息内容传送出去，而要重视信息的呈现方式。脑科学研究表明，人脑是一个串行信息处理系统而不是并行信息处理系统，在一定时间内，人只能执行一个信息处理过程，而不能同时执行多个信息处理过程，所以人在接收信息时最基本的特征是选择性和指向性。美国学者理查德·莱汉姆（Richard A. Lanham）在《注意力经济学》一文中说“经济学研究的稀缺资源分配现在是指信息。但是，我们现在已经被信息所淹没，我们与信息的关系就像我们就着消防龙头喝水。在这篇文章中，莱汉姆还从艺术的角度对注意力经济作了分析，他说任何当代艺术，其核心都是吸引人们的注意力。

我们现在生活在信息富集时代，信息的总量已经超出了个人能吸纳的限度，通常我们所采取的解决办法是忽略我们身边的多数信息，只取用其中的一部分。在这样的条件下，对于信息的捕捉而言，注意力资源成为了宝贵的稀缺资源。正如一位学者所言，对信息经济而言，具有讽刺意味的是，一方面信息很容易复制，信息通道进一步扩大，另一方面个人的注意力通道却依然像过去一样狭窄。网络环境为人们获取信息和交流信息提供了极大的方便，同时由于它提供了更多的选择便利，往往更容易让人注意力不集中或者不停地转换注意力。要想提高信息传播的效率，需要吸引用户的注意力，提高用户对信息的感知度，帮助用户判断和分析。

信息构建的研究已经注意到了信息的表达和展示、信息界面设计等方面的艺术性、人性化问题，我们可以将这种理念引入到政府信息传播问题上，应该在更广泛的层面上注意网络时代信息传播的特点，改变过去比较注重科学性和学术性，而不注重信息的表现形式和表现手段的信息传播方式，引进艺术的、人性化的手段，提高信息的感知度和可理解性。

信息构建理论的兴起是一个值得关注的社会现象，它对社会的影响是广泛的。它会影响到与信息的收集、加工、传播和利用有关的任何学科，如计算机科学、界面设计、人机交互、新闻传播、图书情报、信息系统、教育学等。

4.1 电子商务网站信息构建概论

基于电子商务网站的信息构建的定义为：网站信息构建是运用信息构建的理念将网站内部的信息有机地整合，借助可视化设计、可用性测试、人机交互和用户体验设计等方法，对网站的内容结构进行组织、标识、导航和检索，从而帮助用户在网站上成功获取服务和信息的方法和过程。

IA 的设计目标是寻求信息处理和信息需求的统一。从对信息的处理结果看，要达到信息的清晰和可理解两个目标；从用户的使用结果看，要达到信息有用性、可用性强和使用者具有良好的用户体验三个目标。网站信息构建通过搭建一个基于网络的信息组织、展示与管理平台，构建集成的网络信息资源管理体系，以增强网络信息资源的条理性、可视性和易用性，最大限度地增强信息可访问性和信息可理解性。要达到上述目标，信息构建过程中需要信息组织、信息展示、信息交互、信息环境等多方面的建设。既需要建立自身的组织、标引、导航和检索系统，又需要建立与用户体验和认知相关的用户信息系统，并实现两个系统的内在统一。

IA 的核心思想是“以人为本”。“以人为本”的理念，始终贯穿信息构建的理论与实践。信息构建的根本目的在于构建信息路径，帮助用户接近信息和成功利用信息。信息构建的

“以人为本”是强调以用户为中心，重视用户体验，满足用户的信息需求，做到“信息可访问”和“信息可理解”，即通过对原始数据的加工，为信息和知识的集合建立稳定的框架结构，形成有效的信息检索系统，使用户能够在较短的时间内获取信息。IA 构建评价是 IA 建设的重要环节。通过评价可以找出现有 IA 网站的成果和不足，明确改进的方向，指导 IA 建设向健康的方向发展。

IA 评价主要包括内容评价和设计评价。内容评价可以从以下六个方面进行：①准确性，网页内容是否准确、客观，这直接影响到网站的使用价值；②权威性，网站内容的提供者在本行业的威望和知名度，以及其中的个体所提供文章的深度或信息内容相对于其专业的前瞻性；③全面性，包括广度和深度，广度一是指覆盖的主题领域，二是指信息资源的类型全面性，深度指所提供信息的垂直度是什么样的，是原始信息还是信息线索；④独特性，有特色才能使自己的网站在茫茫的信息大海中占有一席之地；⑤时效性，和非网络资源相比，网络信息资源的特点之一就是传播速度快，更新及时，时效性强；⑥实用性，信息是否有实际使用价值，是否符合用户需要。

网站设计的评价。好的网站设计应结构合理、技术先进、页面简单美观、用户使用方便。主要包括下面几点：①网站结构，良好的结构能使访问者容易找到自己所需的信息，一般采取等级结构的组织方式，确定站点的层次及主页与从页之间的链接关系，通过导航条、超级链接将访问者带到目标网页上；②交互性，成功的网站能提供多种交互界面，如数据库查询、留言板、BBS 等，同时在网页中留下联络方式，用户也可以和信息提供者进行直接交流；③版面编排及视觉设计，主要包括颜色、字体、图形、图像，其目的是有利于用户使用，并非只重形式；④检索功能，在内容丰富、设计完整的网站中，检索功能必不可少，检索途径也应多种多样；⑤链接，网络导航及相关链接通畅、迅速，本站各网页间连接通畅。

4.2 网站的IA改造的步骤和措施

在网站IA初期，对现有网站的IA评价至关重要，它是后序工作的基础。这个阶段主要包括以下工作：①对现有网站进行整体评价。评价现有网站的结构组织情况，类别划分是否准确，有无类别含混和重叠现象；链接是否通畅，有无死链接现象；页面导航系统是否齐备；版面设计是否美观实用；有无检索功能，能否达到检准性与检全性的要求。②网站工作流程分析。分析现有网站的工作流程，该流程是否满足实际工作的需要。对于需要网上公文流转功能的网站，这一步骤十分必要。③网站现有信息清理。筛选网站页面上需要保留的内容，对于需要保留的静态页面，建议将其转化为动态页面，以便于后序检索功能的实现。④优化数据库，目标是数据库中没有多余的表也没有多余的信息。系统设计主要包括需求调研与分析、数据库设计、版面设计、导航系统设计、检索系统设计、交互功能设计、安全性设计等。

调研阶段需要完成以下工作：在保留原系统功能的基础上，调研系统还需要实现哪些功能，现有功能能否满足业务要求，需要哪些扩展和改进；调研系统的设计目标、系统用户群特点及其对IA系统的使用模式；调研单位内现有系统的功能特点及系统间数据依赖的情况，是否需要系统集成及业务整合。

需求分析阶段要根据需求调研阶段收集到的资料，分析系统中用户类别和用例；画出每一类用户的用例图。这是后序系统业务开发的参照。

需求分析阶段是系统开发过程中非常重要的一个环节，它是后序系统开发过程的依据。这一阶段主要完成系统用户建模、业务建模及内容分类三项工作。

用户建模完成将企业中的用户类型映射到网站系统中的用户角色的工作。它首先要根据单位的行政编制建立系统中的职能部门，之后按部门和职位类型来设计系统用户角色并明确其操作权限。在对系统用户进行建模时要本着“灵活实用”的原则，要考虑到职能部门变更及用户角色变更的需要。

系统业务建模主要根据需求调研阶段收集到的资料，分析每一个角色的用例行为并对其进行建模，得到用例的状态图、活动图或序列图等 UML 视图。同时，业务建模时还要分析系统与周边系统间的接口，对接口的功能及接口中的参数类型进行设计。

网站内容分类主要将网站的内容按照一定的网站分类标准进行分类。网站分类标准应综合网站用户的知识背景、专业背景及网站的操作流程、商品分类等多方面的因素来进行设计。划分类别时要做到清晰明了，方便用户通过对信息进行筛选浏览。类别名称要尽量符合用户习惯，能够囊括该类下的所有项目内容，并与其他分类有所区分。分类不要过多过细，大类一般 6~9 个为宜。对于每一个类别，还要根据分类标准对其进行进一步的细分，这样递归地对系统中所有分类进行划分，就得到网站的层次结构。为便于用户通过类别导航轻松找到自己需要的信息，层次结构的层数不宜过多，一般 3~5 层为宜。

网站内容设计主要对 IA 系统的系统架构和功能进行设计，对网站的内容按照一定的分类标准进行划分，在每一个大类别对该类别下的内容进行细分从而得到网站的系统结构。在这一过程中，分类标准尤为重要。应根据用户的类别特点，综合各类别用户的知识背景、专业背景等多方面的因素来进行设计，分类不要过多过细，6~9 个为适中。分类时各类别划分时要做到清晰明了，类名要尽量符合用户习惯，能够囊括该类下的所有项目内容，并与其他分类有所区分，从而便于用户通过类别导航轻松找到自己需要的类别信息。网站用户权限管理对于需要用户权限分配的网站来说是重要的。在这个功能里，我们要实现用户的增删及用户权限分配功能，对于每一个用户，可以灵活地设定其归属的部门或群组，并根据其所在的部门或群组获得相应的操作权限，即分配其可以查看使用的信息类别和可操作的业务流程。系统管理员甚至可以为某一个用户单独设定操作权限。权限设计要本着灵活实用的原则，将用户权限与角色相对应而不要与某一个具体用户对应，这样才可以避免因用户职务变换而引起的用户权限管理混乱。

数据库设计包括三个部分的内容，即：对现有数据库的改造；对新增模块的数据库设计；辅助信息的数据库设计。对现有数据库的改造工作需要对现有数据库的内容进行清洗，统一数据格式，消除数据歧义，使数据库中数据内容能够满足 IA 系统信息处理的需要；新增模块的数据库设计是对系统中新增功能模块进行数据库设计，在建表、设计字段时一方面要考虑数据库设计范式的要求，另一方面要考虑信息显示和检索的需要。辅助信息是在信息显示过程中的一些附加信息。以一篇标题新闻为例，除显示标题、作者、正文等基本信息外，有时还需要显示信息发布日期、过时日期、浏览次数、关键字等信息，这些信息对文章内容显示可能没什么影响，但是在控制页面显示内容、文章排序、网站内容检索、网站内容评价方面会起到重要的作用，所以在数据设计过程中一定要考虑这方面的因素。

数据库设计工作建立在需求分析得到的 UML 类图的基础上，通过类图建立数据库中的表格及表格中的字段。

从设计对象来看，数据库设计包括对现有数据库改造、新增模块数据库设计及辅助功能数据库设计三个部分。现有数据库的改造先要对现有数据库中表结构中字段进行增删操作，使现有数据库够满足 IA 信息处理的需要；新增模块数据库设计是对系统中的类图系统化地进行建模，通过分析 UML 类图中各表的关联关系来对数据库中表结构进行设计。辅助功能是在信息显示过程中的一些附加信息，为提高数据库的操作性能，建议将这一部分单独设计。

4.3　电子商务网站功能性设计

用户界面是用户从网站上获取信息的操作页面，是网站内容展现的窗口，好的用户界面可以提升用户的使用感受。界面设计要体现美观、简洁、清晰、易用的原则。它包括主页设计和其他页面设计两个部分。主页是网站的门户页面，在设计时要尤为重视。在主页背景设计、整体布局、颜色搭配方面要有专业美工的参与。页面整体色调要根据网站性质决定，建议以冷色调为主，主体颜色不多于三种。在主页上展现的内容模块要与内容分类的类别相对应，布局要清晰合理，美观大方。其他页面的设计工作在主页设计完成后进行，要保证这些页面的风格与主页保持一致。为保证网站页面的加载时间，建议在网站上使用图片时要进行压缩，少用 FLASH（一种集动画创作与应用程序开发于一身的创作软件）动画或视频内容，这样就不会出现页面加载时间过长的等待问题。

通过导航系统，用户初步了解网站内容分类、结构组织；可以知道自己身处网站的什么位置，明确自己的前行方向和路线，准确地到达目的地。导航系统设计包括全局导航、局部导航、位置导航及网站地图四个部分。全局导航位置除放置网站的名称、公司的 LOGO（标志）外，最主要是放置网站的整体分类信息，它在网站的所有页面中出现，用户随时可以点击全局导航上的链接进入对应类别目录。用户进入某一分类后，若该分类内容有更细的分类，则这些分类信息会在局部导航区域内列出。局部导航可用树状目录列出多级分类结构，但考虑到用户使用方便，设 1~2 级目录为宜。辅助导航是除全局导航和局部导航外能指导用户迅速使用系统的导航功能，用户可能通过位置导航方便地知道自己现在处于网站的什么位置，及该位置所处的垂直目录结构，点击相应链接就可以进入对应的目录 。除了位置导航外，辅助导航还包括网站地图和网站使用帮助等内容。网站地图是网站上类别链接的容器，它可以帮助用户快速了解网站结构和内容。在网站地图上要力求以分类列表的方式列出网站上的所有分类结构信息。网站使用帮助是用户使用网站的快速指南，它告诉用户网站各模块的主要作用及如何使用网站工具最短时间找到想要的信息。当系统导航类别需要动态增删的网页，还需要将导航的类别信息存入到数据库中，通过数据库来实现网站导航系统的动态维护。

网站上大量的信息需要网站检索系统才能找到，检索功能是网站上查找信息最常用的功能，检索功能是否好用，检准性和检全性是否满足设计要求直接关系到系统的 IA 改造的成败。检索系统的设计要考虑众多的因素，既要满足简单查询，还要满足高级查询的需要。查询结果要能根据相似度或时间、访问次数等因素进行排序。为了实现这些功能，在数据库设计时就要考虑检索的因素，不检索系统设计关键字、访问次数等字段。基于检索时间的考虑，不建议在检索时对信息内容进行直接检索。

在网站上要有网站联系方式（电话、电子邮箱）、留言板、论坛甚至聊天室等互动模块，这样就可以及时从用户处得到网站使用过程中的反馈信息，这对网站维护、开发非常重要。交互功能并不是网站的主要功能，但对网站很好地发挥作用是必不可少的。交互功能的设计要本着简单实用的原则。交互功能在使用后，要有专人负责管理，对用户提出的意见要及时回复。

安全性设计要考虑以下几个因素：信息安全、病毒安全、系统稳定性。信息安全是每一个网站都要重视的问题，一旦网站被黑客攻破，网站的信息就可能毁于一旦。为提高系统安全性，建议做到以下两点：一是经常备份系统数据；二是隐藏网站后台维护页面，使用长密码并经常更换管理员用户密码。网络上病毒猖獗，为了防止病毒对网站系统的破坏，建议使用 Linux（类 Unix 操作系统）平台，对于搭建在 Windows 平台上的系统要安装杀毒软件并及时升级。系统稳定性设计的目标是保障平台长期稳定运行，要达到这一点，在平台投入使用之前要对系统代码编写逻辑、平台运行性能等因素进行测试，测试过程应贯穿软件开发的全过程，从功能模块的黑盒测试、白盒测试到系统的集成测试及压力测试。没有好的测试就没有好的软件。网站要“以人为本”，开发过程中还需要考虑“网站易用性”原则、易用性设计，着眼用户的使用感受，在网站上增加网页打印功能、对显示信息的字号进行控制、显示信息的关联信息都是易用性设计的表现。

若网站需要与其他系统进行数据交互，网站接口设计是不可缺少的一个环节，接口功能设计时，要充分考虑本系统数据库与目标系统数据库中数据类型表示的差异。对于需要导出的数据，要定义好数据接口，对接口中的参数名称、类型、含义等进行详细的说明。对需导入的数据在导入的系统数据库前要进行数据预处理，进行必要的格式转换，消除数据歧义。

4.4　电子商务网站系统开发及评价

软件开发阶段是系统功能的代码实现阶段。为保证系统功能的顺利实现，一个科学严谨的代码设计开发团队是必不可少的。软件开发阶段初期，首先要对项目中要实现的所有功能进行分解得到子功能模块（接口或函数），然后对每一个子模块的接口参数及要实现的功能进行设计。最后要制定软件开发计划，对软件开发过程进行项目管理。

在代码编写过程中，要实时地对功能代码进行单元测试。单元测试包括白盒测试、黑盒测试及功能测试三种，只有三种测试都通过的程序代码才是合格的代码。

单元测试完成后，接下来的工作就是集成测试。软件集成测试主要依据软件结构设计（概要设计）文档，主要内容有功能性测试、可靠性测试、易用性测试、效率测试、维护性测试和可移植性测试。其验证代码单元集成后形成的功能模块能否达到功能设计中的设计目标。

经过集成测试后，软件系统已经初具规模，这时需要将系统部署到服务器上，组织相关人员对软件进行试用。这一阶段，一方面要吸取用户对系统提出的合理建议，另一方面要对部署后的系统进行压力测试。对于试用过程中发现的问题要及时处理，尽量不要改动后台代码，改动代码后要对改动部分进行相关测试。

试用通过的系统就可以投入使用了。在投入使用之前要对系统进行 IA 评价，评价依据是 IA 评价标准。将评价结果与之前的评价结果进行对照就可以知道 IA 改造的成果。通过 IA 评价，找出优化后的系统的薄弱环节，为系统的进一步优化指明方向。

为保障 IA 改造能够圆满地完成，还需要注意以下几个方面：

网站的 IA 改造是一个庞大的系统工程，企事业领导的高度重视是项目顺利实施及开展的前提。专业的组织管理团队是项目走向成功必不可少的条件。因此需要成立专门的项目开发领导小组，由单位领导担任组长。多与单位领导就 IA 改造项目进行沟通，使其对 IA 改造的意义、重要性及目标有较高的认识。领导重视了，项目的资金来源、开发团队的组建、开发过程的协调解决、相关部门的支持协助等工作才能够得到较好的解决。

有了好的项目组织保证后，软件项目管理也是至关重要的。从需求调研、需求分析，到数据库设计、接口设计、从开发文档到测试记录、从单个程序员的开发程序到整个项目的代码集成测试，项目管理工作要渗透项目开发的全过程。在项目开发过程中要使用专业的版本控制软件对项目开发过程中产生的档案文件及程序代码进行版本控制，以方便对开发过程进行管理和跟踪。开发团队要定期召开项目开发人员讨论会，收集对开发过程的相关信息，对提出的问题进行分析、攻关，以提出相应的解决方案。

IA 改造过程要面对新老两个系统，在技术层面上可能要面临新老两种技术的取舍。在技术路线的选择上建议以系统稳定运行为出发点，选择成熟、可靠的技术方案。在保障系统可靠性的基础上再研究提高系统性能的问题。切忌求新求变，勿应用一些尚不成熟的技术 。

在互联网上信息迅速膨胀的今天，构建“信息清晰、可理解”的基于 IA 的电子顾问网站是互联网网站发展的方向。越来越多的网站会通过重建、改造来实现 IA 在网站建设上的应用并从中得到实惠。IA 理论及应用的研究将更加深入，IA 技术也将被应用到更广泛的领域，发挥更大的作用。

信息构建思想在网站建设中有着广泛的应用。具体而言，可以在它的指导下，建立网站的组织系统、标识系统、导航系统和搜索系统以及设计控制词汇表等，这样便于形成一个优化的信息空间，让网站中的信息有用和可用；可以在它的指导下，利用一定的方法和工具，形成网站建设的策略和设计过程，这样便于建造一个具体的网站。

参考文献

[1] 黄磊. 政府网站 IA (Information Architecture) 研究 [D]. 成都：四川大学，2006.

[2] 王翠萍. 论信息构建在个性化信息资源组织中的应用 [J]. 图书情报工作，2007 (1).

[3] 王赵雄，刘历. 信息构建在知识管理中的应用 [J]. 情报探索，2007 (2).

[4] 颜端武，蒋琳. 基于 IA 理论的网站评价研究 [J]. 江西图书馆学刊 (JLSJ)，2005 (1).

[5] 张军. 基于信息构建的网站工程化建设流程 [J]. 现代图书情报技术，2007 (2).

[6] 刘记，沈祥兴. 网站信息构建决定因素分析 [J]. 情报科学，2007 (2).

[7] 周晓英. 信息构建目标及其在政府网站中的实现 [J]. 情报资料工作，2004 (2).

[8] 周晓英. 信息构建的基本原理研究 [J]. 图书情报工作，2004 (6).

[9] 荣毅红，梁战平. 信息构建探析 [J]. 情报学报，2003.

[10] 刘多兰. 信息构建对情报学研究的启示 [J]. 情报杂志，2003 (3).

[11] 刘雅静. 政府网站信息构建问题研究 [J]. 情报杂志，2005 (6).

[12] 李丽，戚桂杰. 从雅虎的分类目录分析信息构建的发展 [J]. 情报杂志，2005 (4).

[13] 赖茂生. 关于信息构建的十个问题 [J]. 情报学报，2006 (7).

[14] 吕艳丽. 图书馆 Web 站点的信息构建 [J]. 情报学

报，2006（3）.

［15］黄文. 信息构建体系及其在专业资源网站建设中的应用［J］. 情报学报，2007（10）.

第5章

信息构建应用于电子商务业务系统

随着人民生活水平的提高，手机已不再是什么奢侈品，而成为了方便人们生活的一种工具。越来越多的人使用手机，中国移动公司的在网用户数也在快速地上升，为了迎合不同用户类别的不同要求，出现了越来越多的资费种类，市场开发需要各种数据以及竞争对手的各种资料。信息的作用越来越重要，但并不是所有的信息都是真实的、有价值的。如何让用户在烦琐的大量信息资源中最快地找到有价值的信息？这样大量的数据，如果依靠传统的方式解决，其工作量是无法想象的。在现代网站建设过程及维护中运用信息构建，这已成为必然趋势。

当今社会充斥着大量的信息渠道与信息资源，信息的作用越来越重要。本章将信息构建的理论方法引入到中国移动业务操作系统中，就信息构建体系的概念、内涵以及对移动业务操作系统的影响进行简要的说明和分析，并结合所从事的数字资源整合建设方面的实践，探讨信息构建体系在中国移动公司业务操作网站建设中的作用和应用模式进行初步的探讨。

BOSS是业务操作支撑系统（Business of Operating System）的简称。BOSS的组成包括：计费及结算系统；营业、账务系统；客户服务系统；决策支持系统。移动 BOSS 系统诞生在原电信公司依照市场的要求分裂为移动通讯、电信公司、联通通讯三家公司时，移动通讯是按照建设拥有移动通讯特点的经营模式的指导思想下才诞生的移动 BOSS 系统。初期的移动 BOSS 经营模式的主要目的是方便快捷地为客户服务，这时的移动 BOSS 系统界面结构单一，操作方便。但是只有简单的数据库系统，无法满足整个市场的要求。于是，移动通讯开发了第二代移动 BOSS 系统——初级管理模式。这时的移动 BOSS 系统拥有较为强大的数据库系统，对市场可以进行分析，进而可提高市场竞争力。但事实表明处于初级管理模式的第二代移动 BOSS 系统由于主要依靠外界提供信息，无法由系统本身提取信息，造成了数据库信息杂乱，成本过高等问题。在第一、第二代移动 BOSS 系统的经验教训指导下，基于信息构建的第三代移动 BOSS 系统最终成功，第三代移动 BOSS 系统利用信息构建的先进思想开发了独立的信息支持系统，满足了精细化管理的要求。

5.1 获取电子商务信息源

对于一个信息系统来说，信息源是十分重要的，因为信息系统的基础就是数据库，没有信息源的数据库是没有意义的，所以如何获取信息源对于建设一个成功的信息系统是十分关键的。在现代社会，信息是十分重要的。往往一条有价值的信息比几百万的资金投资更能让企业在竞争中拥有优势。而如何快速地获取有价值的信息，已成为各个企业研究的重要课题。特别是中国移动通讯在企业服务中的特殊性更造成企业对信息获取的高度化要求。中国移动通讯面对的客户是整个中国市场的手机用户，而这个用户不是以几百万以至几千万来计算而是以亿为单位来计算。面对如此庞大的用户群，应该如何去了解他们的需求？如果投入高额的成本成立自己独立的市场调查部门，那么在服务质量上就会因资金的大幅减少而受到影响，这不是移动通讯与移动用户希望得到的答案。于是，移动通讯公司选择了另一种信息获取方法：第三方市场调查公司。第三方市场调查公司成为了移动通讯的“眼”与“耳”，移动通讯公司不必为信息获取投入过多的精力而影响自己的服务质量，也能了解到所需的信息。但是实践证明第三方市场调查公司并不适用于中国移动通讯或者说它只能作为移动通讯信息收集的辅助方案。问题还是在移动用户群庞大的数量上。在面对中小客户群时，第三方市场调查公司的确能够提供专业的信息资源。但当面对如此庞大的移动用户群时，第三方市场调查公司就显得力不从心了。如果对于国内移动用户进行大面积调查，信息的真实性可以得到保障，但这种调查需要投入大量人力、物力，而且周期过长，不利于公司对市场的变化作出快速反应。于是，移动通讯公司不得不寻求别的解决办法。

在移动通讯领域，业务运营支撑系统（BOSS）由七个子系统组成，包括联机采集、计费、网间结算、业务、综合账务、客服和系统管理，以上七个系统的纵向整合就是移动行业所谓的 BOSS。使用 BOSS 系统可以为用户提供一体化的服务，从这个意义上讲，一个移动企业 BOSS 系统的先进与否决定着这个企业的整体竞争力，目前，这样的观念已经被移动通讯企业广泛认可。而从宏观上讲，建设 BOSS 的战略意义从根本上在于应对竞争，包括来自国内的和国外的。入世之后，国外电信企业将逐步进入中国，竞争局面将更加严峻。在这种形式下，移动意识到必须通过提高企业的信息化程度的手段来提高自身竞争力，对原有 BOSS 系统的全面改造已经势在必行。

其中，移动 BOSS 系统改造的一个重要课题就是利用移动 BOSS 系统本身收集信息。而移动 BOSS 系统收集信息就必须利用到信息构建。在移动BOSS系统中的联机采集、计费、网间结算、业务、客服五个子系统都是直接面对客户的，这些系统的使用者大都是移动营业厅与客户经理，而移动营业厅遍布中国，每个地区也都有移动客户经理。这样，一个大致的模型就形成了：利用移动公司遍布国内的营业厅及客户经理在对客户的服务过程中完成信息收集。如：在移动营业员办理业务时，采取实民制，了解客户对公司资费的需求。在客户经理客服过程中，了解竞争对手的动态……再通过移动BOSS系统对营业的统计分析，将所有片区的数据分析结果加以汇总，一个全面的信息源就此诞生.

5.2　电子商务信息循环式传递

当我们拥有了一个全面可靠的信息源时，另一个问题又出现了：这些信息是如何在信息系统中流通传递的。

在信息构建的帮助下，我们得到了一个全面的真实可靠的信息源。但是由于是所有片区的信息汇总，信息源中的信息量非常大的。这样大的信息量在传递中会遇到两个不可避免的问题：信息精简及信息回放。

当信息源构建成功后，这些信息需要提供给公司高层作为决策依据，但公司决策层并不需要了解具体的某位客户的需求信息，他们需要的是市场反映情况及竞争对手的总概况。所以，信息源不能作为参考依据等量的直接提供给决策层。它需要进行精简提炼出最直接的反映市场动态的数据信息。同样，在决策层下达决策后，市场工作人员不能只知道下期的工作任务是多少，他们需要的是如何去完成上面下达的工作要求。如何更好地为客户服务，怎样才能解决这两个问题？答案就是循环式信息传递。

循环式信息传递就是移动 BOSS 系统依靠信息构建在系统管理这一子系统中为信息精简及信息回放提供独立的数据库，并在信息源的上传过程中根据各级对信息的不同要求逐级精简信息，保证每级工作人员的信息需求。在决策下达过程中根据各级工作性质不同逐级地把决策的内容具体化，从底级工作人员收集信息源到逐级信息精简为决策层作为决策依据到决策逐级信息具体化下达到底级工作人员，从而在移动 BOSS 系统内部形成信息循环。

信息构建是如何产生信息循环的？这需要从移动 BOSS 系统依靠信息构建系统管理这一子系统分析，目前，移动的计费、营账、结算和客服的数据库服务器和应用服务器均由中心统一维护和管理，BOSS 系统（即移动通信业务运营支撑系统）在各地市主要用于完成客服系统的终端功能。由于系统规模大、业务种类多、系统架构复杂，除了要保障数据库的高效与稳定外，更要有效地使用数据库、中间件、存储、操作系统等资源，提高系统的应用性能。基于这些因素，他们选用了 VERITAS 公司全球领先的应用性能解决方案 VERITAS I3。

由此，我们可以看出移动 BOSS 系统管理的独特性，即通过对系统内部的监控及对数据库信息的有力控制，使信息循环过程中无效的信息无法上传，决策下达时得以具体化。

5.3 独立的各级电子商务信息支持平台

由上文我们得到了纵向信息的传递，但信息是怎样横向传递的呢？移动通讯内部横向部门之间信息又是怎样传递的？基于信息构建的移动 BOSS 系统又为我们提供了独立的各级信息支持平台。

在移动通讯内部各部门的信息要求是完全不一样的，如建维部需要依靠客户反映的情况决定在哪里建设机站以及了解哪里的机站出现问题需要维修；数据部需要依靠各种业务的发展量来决定开发何种新业务；采购部需要根据各部门需要采购各种物资……这些信息是相互关联的，但在各部门使用过程中却是相互独立的。所以在每个部门建立自己独立的信息支持平台是十分有必要的。

在建立这些独立的信息平台前我们可以发现这些信息的关联性，建维部在哪里建设机站或者宣传广告取决于地方移动用户数的多少，这些信息可以在市场部提供的信息源中找到，数据部依靠的业务发展量也可以在市场部提供的信息源中找到，采购部采购物资的种类、数量是根据其他部门的需要而定。任何独立的信息平台所需的原始信息都是由市场部提供的信息源所决定。

那么信息构建如何构筑独立的信息平台呢？其原理与信息循环大致相同，由市场部提供的信息源精简为单纯数据信息后，根据决策决定自己的工作计划，再由工作计划算出物资需求提交移动 BOSS 系统，由移动 BOSS 系统将信息转交给相关部门。如数据部根据市场部的信息源决定开发新的产品，然后提交会计统计需要什么样的产品物资提交给采购部，采购部无须知道要开发什么产品，只需按移动 BOSS 系统提供的物资需求信息实施就可以了。

5.4 信息构建在移动 BOSS 系统中的应用效果

移动 BOSS 系统所提供的实惠可以从以往的数据比较明显看出来。在使用移动 BOSS 系统前，重庆市巴南移动公司的总员工为 216 人，使用后只有 158 人，由于信息流通快速，决策有根据，市场收入提高 34.62%，三家占比提高 28.39%，同时客户投诉率下降 68.71%。

根据信息构建在移动 BOSS 系统中的三大应用，信息构建在移动 BOSS 系统的应用效果也可分为三类：方便、全面、可靠的信息源；为决策者提供快速、直观的信息依靠；让各种工作人员各尽其职、各负其责。

现就一个分区市场管理者的移动 BOSS 系统进行说明。这个系统可以提供的是自己所属的分区的市场情况，如集团单位有多少，具体某个集团单位的基本情况：单位领导人的信息，单位人数，三家公司（移动、连通、电信）占比，通讯明细表；市场现时收入情况：卡号新增，卡号激活量，话费收入……这些信息可以真实可靠地构建一个数据库，从而节约公司的成本。

循环式信息传递先是由下属低层工作人员在工作中收集用户信息及市场情况、竞争对手情况等，然后对所有的信息进行整合，去掉无用的信息，接着对有价值的信息进行分类并将其提供给不同的管理层，再由管理层对这些信息进行评估做出决策下发返回给下层工作人员，信息就这样进行循环。这样就解决了用户面对大量信息时无从下手的困境。

在工作分工中，无论是总经理或是营业员，市场部或是数据部，他们的工作目标是不一样的。管理层的工作就是观察市场动态，根据信息做出决策；营业员的目标是根据客户的不同类别，提供相适应的资费。所以他们所需的信息是绝对不一样的。基于信息构建开发的移动 BOSS 系统的独立信息平台就很完美地解决了这个问题，从现实意义上来讲就是管理层不必为客户充值或介绍资费，营业员不必对市场的环境进行分析。

参考文献

[1] 宋丽梅，纪成军．解析 BOSS 系统对移动数据业务的支撑［J］．通信世界，2004（27）．

[2] 李丽，戚桂杰. 从雅虎的分类目录分析信息构建的发展 [J]. 情报杂志，2005 (4).

[3] 赖茂生. 关于信息构建的十个问题 [J]. 情报学报，2006 (7).

[4] 宁宇. 中国移动 BOSS 系统的建设及其影响 [J]. 电信技术，2003 (3).

第6章

返利网综合评价

在1990年，中国电子商务便进入了电子数据阶段。随着这20多年的发展，人们由开始对电子商务的怀疑变为到现在的接受并使用，然而，现今日趋成熟的电子商务必须要有新的营销模式才能够符合人们对现在电子商务的需求。于是，返利网在这个契机应运而生，在2000年国外已经有了部分门户网站将自己的部分销售提成返利给客户，这就是返利网形成的雏形。随着返利网的使用发展，中国的商家也开始效仿和使用，首家中国的返利网在2006年11月成立，是我国首家电商类CPS效果营销服务提供商，该公司成立五年来，凭借良好的用户体验，现已成为国内返利行业市场规模最大、用户活跃度最高的“第三方返利导购”平台。

返利网实质上是一个第三方导航网站，把各个合作的商家信息展现在一个个板块里面，其本身既不销售商品，也不发出商品。买家可以通过点击链接进入到想要的购物网站进行购物，从而得到不同等级的返利折扣。同时，买家可以通过返利网的“联合登陆”简单地登录到“淘宝”等购物网站。买家在省钱的同时，又特别简便地完成了网购。

然而，面对这样节省金钱的购物模式，多少买家能够抵住诱惑？据悉，现在的返利网便有1 000万注册会员，保持着每月1 000多万返利金额，吸引包括京东商城、当当网、1号店等在内的400余家知名B2C电商集体入驻，覆盖中国40%以上网购人群。返利网给买家带来的最大的利益便是优惠，当自己已经把钱花出去后，一段时间后居然还能返回一部分，大部分买家是愿意使用返利网的。当然，返利网也给用户带来了便捷，方便购物者管理自己的购物清单、账户信息等。

同时，很多商家也没抵住诱惑，纷纷与返利网合作，获得双赢的局面。采用CPS方式，即按销量分成的方式付费，商家的投入成本低，却获得高效益。

张权先提及到电商推广的发展，简单地从网幅广告发展到抽佣返利的四个历程。通过对四个历程的分析，逐渐得出返利网给谁带来了何种利益，且分别从买家和卖家两个群体得出相应结论，分析了二者的利弊、返利网的可行性和返利网的核心竞争力。

鲁正旺根据“百分百购物网站”的崩盘及老总携款逃跑这一事件对返利网做出了一系列的内外部分析，介绍了返利网的发展历程和预测了未来返利网的前景。他主要从返利网的外部巨头竞争力分析到小型返利网站面临破产的境地，内部还存在不少的问题导致很多买家对其失去信心。甚至有的网站沦为了一种新型的网络传销。

郑齐翔也是根据福建返利网崩溃而分析了我国现今网购市场的现状，主要指出以下四个网购市场现状：一些不法商人利用网购缺乏监管的缺陷，欺骗消费者，利用次品冒充正品；我国网购物流成本高，物流体系不健全，很多物流企业的品质得不到保证；很多买家在购买物品后，很难得到相应的售后服务，让不少买家在网购后很多利益得不到保障；网络安全也已经成为一个不可忽视的问题，不少人在网络上出现信息被盗等问题。综上四个问题，他对现今网购市场提出了相应的对策。如，加强立法简历法规、商家建立诚信体系和引入第三方权威认证和第三方保险等。

程淮分析了网购的普及和现今返利网壮大的原因，同时指出返利网的盈利模式。他也根据各个电商大头对返利网的态度，对返利网的未来做出了一定的期许和赞扬[4]。

新模式是指返利网是个购物中介新平台，采用会员制方式运作。返利网既不卖东西，也不发货，只是一个中介平台，帮助买家跟踪信息和更新信息，同时给卖家带来利润和广告推广[5]。新挑战是指返利网的营销模式是新兴的，很多买家和卖家是否能够接受这种新兴模式还是一个疑问。新希望是指随着返利网的开始，此种模式发展速度非常的快，而且中国的网购市场还有很多空间。返利网的生存空间和给网购市场带来的效益是非常有前景的。

返利，这个词最开始在各个商场就已经开始出现，不少商场也有返利积分的一些活动，但是真正的专业返利却没有出现。中原从这点开始着手提出返利网出现的必然性，同时根据返利网的盈利模式提出了返利网的收益来源，并且对返利网的生存状态发表了自己的看法，以及其日后需要面对的挑战。

随着这几年电子商务的迅猛发展，电子商务在服务方面的地位越来越高，服务质量不容忽视。我国不少专家学者对电子商务服务的评价体系各持己见，争高不下。匡雪丽运用模糊层次分析法计算各指标，对电子商务满意度进行评估，建立模型进行综合分析，证明了其可行性以及有效性。此文的建立模型方法和评估的几个方面可以用以借鉴，其对返利网的综合评价具有不少的参考性。

一个客观科学的评价体系可以评价电子商务网站质量的优劣、影响其质量的原因和网站的维护应该重点放在哪里。赵家胤建立模型，分析问题，进行了集合和矩阵的分析，得出等级好差的打分制度。此方法能够客观地评价一个电子书网站的优劣。可以参考这篇文章的思路来给论文的评价体系进行构思。

电子商务个性化是指电子商务网站给用户提供建议，让用户决定买什么产品。姚瑶选用了一些客观，能够真实反映电子商务网站的信息的评价指标来对用于满意度的电子商务个性化推荐进行研究和评价。她采用的几个指标对写论文的评价指标具有很高的参考价值，能够更加公正、客观和真实地提出有建设性的指标。

返利网是继团购网站之后迅速崛起的，随着各个团购网站的倾倒，返利网是否会重蹈覆辙，成为很多人关注的问题。返利网是更适应现在电子商务发展的需求的，虽然自身出现了很多的问题和需要改进的地方，但是返利网的前景是可观的。返利网必须从客户利益出发，努力做好客户体验，提高客户的忠诚度和满意度，提高自己的竞争力，才有更好的发展空间，才能最终存活下来，成为电子商务的发展的驱动力。

综上所述，返利网能够给现今的电子商务带来变革和创新。但是新兴出现的返利网却也存在着诸多的问题，返利网的发展遇到不少的问题和瓶颈，返利网能否长久的发展？返利网还需要哪些的改革才能够补上现在的不足？返利网能否真正地为消费者带来便捷和利益？这一系列问题都是本章将要分析的，本章将介绍以下关于返利网的信息。

返利网是在当今电子商务迅速发展新需求下应运而生的。在新的竞争和挑战下，电子商务的发展需要新的盈利模式才能够获得长久发展，因此返利网借着这个契机出现。返利网实际上是作为一个三方平台给客户提供返利服务。本章将先介绍返利网的概念、发展现状，评价返利网的思路和方法，分析返利网的盈利模式、返利网内外部竞争和返利网信息安全。对于返利网的评价有很多指标，不过本章主要是用界面指标、信息指标和技术指标来对返利网进行综合评价，但由于返利网网站存在的数目太多，所以在某些部分会以代表性的网站来进行分析，并设置问卷调查进行统计分析。通过对返利网进行评价从而提出相应的建议和对策，使得返利网能够更加长久地发展，同时，也表达了对返利网的期许。

6.1 对返利网站分析

返利网出现的时间并不长，很多人对其并不了解。所以本节将对返利网的盈利模式、内外部竞争和返利网存在的持久性及信息安全性进行阐述，以便读者能更加的了解和熟知返利网。

6.1.1 返利网的盈利模式

在分析返利网的盈利模式之前，先介绍电子商务 B2C 的电商推广模式，以此可了解到返利网出现的契机，同时可以更加清楚地分析其盈利模式的优缺点。

（1）电商推广的定义和种类

电商推广模式是指为各个电子商务网站在网络上进行推广和宣传，把电子商务网站的全部信息完整地展现出来，通过这种宣传可以给电子商务网站带来盈利。电商推广经过长期的发展共经历了四个阶段，以下简单介绍这四个阶段：

第一阶段，网幅广告提供的指示牌服务，将电子商务网站的信息通过横幅广告的方式呈现出来，提供一种“指路”的作用，而消费者能否进入目的地，能否给电子商务网站带来盈利就不是电商推广的职责。

第二阶段，点击收费，即在第一阶段的基础上给消费者提供了“指路”的作用后，带领消费者到这个“店里”，根据电子商务网站的点击率来收费。但能否给电子商务网站带来盈利，消费者是否有购买行为也不是电商推广的职责。

第三阶段，交易抽佣，是指把消费者带到了“店里”，经过努力，使得消费者完成购买行为的动作。由于消费者的消费使得电子商务网站获得盈利，不再是前者的按“人头”收费，因此推广方能够从交易额中获得部分利润。这样的方式能够更好地调动推广方的积极性，与此同时减少电子商务网站的成本。

第四阶段，抽佣返利，是指为了提高消费者购买的积极性，把消费者的部分消费金额按比例抽取出来返还消费者。抽佣返利是在交易抽佣的发展基础上的变革，使得消费者、电子商务网站和推广方三者的积极性大幅提高，获得“三赢”的局面。

以上四种电商推广中，抽佣返利是最有效、最完善的推广模式。正因为电商推广返利的这种模式出现，返利网在这个时候也相应地出现和发展。因此，从上就可以看到返利网盈利模式的雏形，可以知道返利网的盈利模式实质是返利网给各个电商网站提供电商推广，让消费者进入各种电子商务网站，比如京东、淘宝和当当等网站。当消费者在返利网这个平台在各个电子商务网站购物后，返利网可以得到部分提成利润，而此时返利网又将部分自己的盈利按照一定的比例返还一部分给客户。

（2）返利网盈利模式的优缺点

根据前面的介绍，可以初步了解返利网的盈利模式，但这样的盈利模式在给各方带来利益的同时也随之出现不少的问题。返利网既有优点，也有缺点。

优点：返利网的这种盈利模式可以很直观地看出其以下优点。首先是给消费者提供了更加优质的服务，消费者能够得到更多的利益。其次，让各个电子商务网站降低了推广成本，吸引了更多的消费者，同时获得更多利润。最后，返利网的出现也顺应了现今电子商务发展的新兴需求，是电子商务发展更近一步的表现。

缺点：由于近几年返利网的快速发展，各种返利网网站层出不穷，但同时也伴有很多的负面新闻，也出现了返利网的返利承诺有的返利网站并没有兑现、返利网的客户信息不能受到保护、返利网成为了网络传销组织等问题。

6.1.2 返利网的内部问题和外部竞争

这样良好的商机出现，而且其入门门槛也不高，自然很多商家不愿意放弃这个机会，也希望在这个市场上分得一杯羹。据了解，最为突出的便是QQ返利和网易返现的参与，它们让很多小型返利网站几乎破产。巨头的参与给本来门槛就低、竞争薄弱的某些返利网站带来了致命一击。

（1）返利网的门槛

返利网的成立不需要多少的成本，可以简单地说只要在网络上建立一个网站，与其他电子商务网站合作，就可以运营了。正因为这样低的入门门槛，使得现今网络上存在很多五花八门的返利网站，甚至一些巨头网站也加入其中。在这种情况下，返利网存在很多的竞争者。

（2）返利网内部问题和外部竞争

返利网出现的时间并不长，其内部存在着一系列问题，具体如下：

第一，返利时间周期过长。很多买家在购买商品后，等返利金额的时间过长，让有的买家都忘了自己存在着网上购物的行为。甚至有的返利网站要买家的购物金额到达一定的额度后才能够返利。由于返利网周期过长，导致一些买家对其失去信心，使其损失了部分客户。

第二，返利比率和承诺的比率并不相符。有的返利网为了招揽到更多的客户，贴出返利比率高达50%，但当这些买家被吸引过来才发现，当自己完成交易后，返利的额度没有网站上承诺的那么多。

第三，信息被盗。很多监管部门对新兴出现的返利网并没有足够的条约约束，很多返利网成为了网上传销组织和一些诈骗组织，让用户网上购买东西，盗取用户的信息。

综上的三个返利网的内部问题，足以让新兴出现的返利网在不久后就面临着危险的破产的境地。

在外部竞争方面，主要有两个表现。第一，返利网加入进来。很多巨头，以腾讯和网易的加入为主要代表。二者的客户群体庞大，有很高的基础，它们在自身服务的基础上开设一些增值服务和用户数据共享，打造以返利为基础的电商促销价值链。此外，二者的客户群体庞大的同时，自身的互联网应用成熟，能够获得更多的客户群体，取得客户的信任感。这样的优势，不是普通的还在发展中的返利网站能够比拟的。第二，社会化的电商也在相继的出现和崛起，以美丽说和蘑菇街为主要代表。社会化电商的出现更加地满足了消费者“逛街心理”，消费者在社会化的电商里可以找到自己想要的商品，可以看到诸多人给的参考意见、团购信息、同种货品的价格优势对比等。社会化电商的口碑现在非常的好，更加能够得到消费者的信任，成为返利网外部竞争的又一竞争对手。为了直观地了解返利网所面临的内外部问题，我们建立了如下的直观图，如图 6-1 所示。

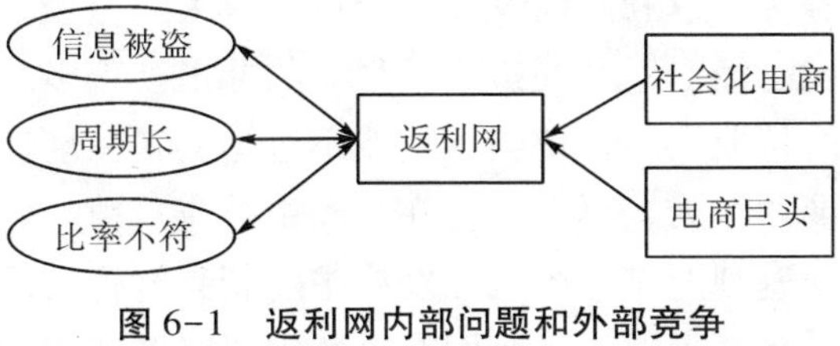

图 6-1　返利网内部问题和外部竞争

6.1.3 返利网发展的长期性和信息安全性

返利网的出现会不会如同昙花一样的短暂是现今很多人所关注的问题。而返利网到底能够走多远呢?

近期很多的返利网站纷纷破产、老板携款逃跑、淘宝取消合作等负面新闻出现，这反映出了返利网的发展并非一帆风顺。返利网站在迅速发展的这一时期，让很多的不法商家从中牟利，使得消费者的利益受到损害。由此看出返利网的发展似乎已经到了终点。但是返利网的存在是非常必要的，返利网对电商的宣传起到很大作用，不是一般的网站可以取代的。同时返利网也是应现今电子商务发展的需求而产生的，具有一定的市场需求和时代性。所以，返利网的可发展性非常的可观，各个返利网网站的改革和一些改变是可以让返利网站在发展中得到进步和完善的。

当然，负面新闻里面也有着消费者信息被盗或者出现信息泄漏等问题。有的返利网实行了“联合登陆”，消费者可以用已有的电子商务网站信息进行登陆，给消费者提供了方便。在这种情况下，返利网更加应该做好对消费者信息的保护工作，否则将会泄漏消费者在其他网站上的信息，造成巨大损失。

(1) 返利网发展的长期性

可以看出，返利网的发展已经遇到很大的瓶颈，众多的负面新闻出现已经对返利网造成了很大的冲击。很多人已经不看好返利网的长期发展，认为返利网不过是昙花一现，在电子商务飞速发展的今天，不久就会在热潮中被淹没掉。

其实，返利网是一个正在发展中的新兴购物模式，发展过程遇到问题是常见的，返利网在这个重要时期若能够做出正确的改变和良好的发展方案，转危为安成为新的电子商务巨头也不是没有可能。以下章节会对现今的返利网提出一些建议。

（2）返利网发展的信息安全性

返利网的用户要产生购买行为，必定会留下用户信息在网站内，用户的个人信息是否能够得到有效的安全保证是用户最为关心的问题。

由于现今网络上返利网站的数量庞大，不乏有的商家不是真正的建立返利网提供服务而是想另谋其他利益，所以接下来也将介绍几个可对返利网综合评价的指标来让顾客鉴别返利网的可信性和可靠性，也给现今的很多返利网提供一些建议，让其更加的完善。

6.2 返利网综合评价指标

近几年随着电子商务的迅速发展，对其的服务有一个评价的方式或者方法是至关重要的。有了一个评价的方法才能够让大家更为客观、直接和合理地知道这个电子商务的服务具体如何。因此，在层出不穷的返利网站中建立返利网的评价是非常必要的。所以，接下来将提出几个指标来对返利网进行评价和分析。

传统的评价指标是一个企业绩效评价体系的载体，同时也是企业绩效评价内容的外在表现，通过财务、资产运营等各个状况建立逻辑严密、相互联系和互为补充的指标体系。相应的电子商务的服务和价值也通过用户的点击率、用户数量和停留的时间等指标进行评价。经过对参考文献的分析发现，总的来说评价指标有界面指标、技术指标、产品指标、营销指标、信息指标和服务指标共六个。由于返利网是一个第三方购物平台，不提供产品和某些售后服务，所以本书的返利网的综合评价采用的是界面指标、信息指标和技术指标，通过介绍这三个指标，同时建立问卷调查来对他们进行分析和返利网的评价。

但由于现今的返利网层出不穷，在综合评价方面样本量太过庞大，没有目标性，所以在介绍各个指标时以比较典型的返利网站——51 返利网（现更名为“返利网”）来进行分析。

6.2.1 界面指标

对于一个网站，界面的建立至关重要。界面指标包括网站整体的视觉效果、美工设计、页面布局、网站结构与分类深度、使用的方便性等，返利网网站本身就是一个导航网站，其界面必须具有直观性、逻辑性、可访问性，使得消费者能够直观地了解这个网站和快速地操作。

作为返利网，其界面首先应该能够直观地让消费者看到其合作的商家信息，能够用知名商家的名气来吸引消费者的眼球，获得更多的客户。其次，返利网的界面应该更加地突出该网站的返利比率，吸引消费者产生购买行为，让消费很直观地和其他网站进行对比，迅速地做出决断。最后是用户体验，返利网应提供简单和便捷的方式让消费者完成购买的过程，有良好的用户体验不仅可以吸引新的客户，同时也能够留住老客户，也就是所谓的“回头客”。

而 51 返利网作为发展较好的返利网，在界面设计方面相对来说是比较成功的。主要的合作商家、产品分类和购物板块都比较合理。同时还具有一定的社会责任感，对于现在的雅安地震页面设置进行了及时地更新和编辑，所以页面板块设计方面 51 返利网是比较成功的。当然，51 返利网在管理个人账户方面也进行了页面的设置，具体如下面的图 6-2、图 6-3 和图 6-4。

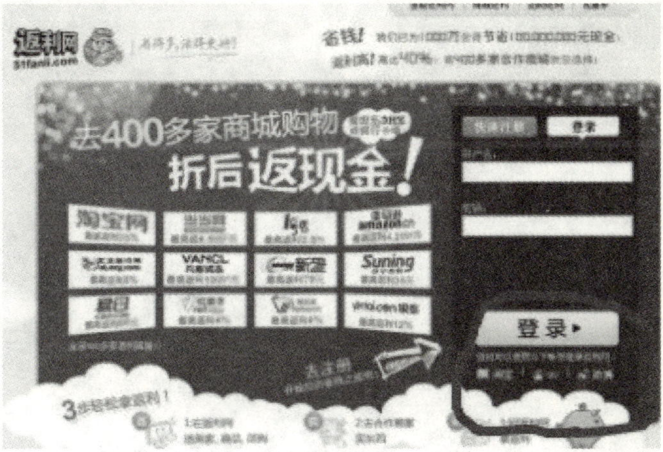

图 6-2　51 返利网登录界面

图 6-2 作为返利网的登录界面，非常简洁地展示了合作的商家信息，同时在登录时有“联合登录”的操作。

图 6-3　51 返利网主页面

图 6-3 作为返利网的主页，各个功能模块、页面布局都是比较合理的，消费者操作也比较方便。

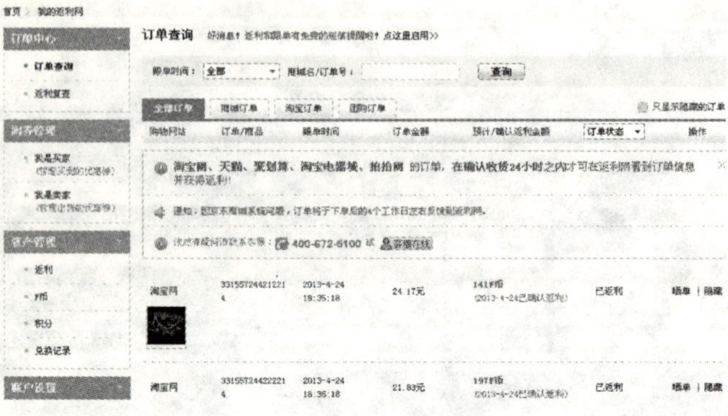

图 6-4　返利网个人账户管理

图 6-4 作为返利网的个人管理账户，与普通的电商个人管理账户没多大区别，简洁易懂，却也还需一定的创新。

6.2.2　技术指标

随着计算机技术的快速发展，一个网站能否顺应时代的要求，能否快速地对需求做出反应和技术的变革是决定网站发展的长久性和存在的关键。而新兴出现的返利网站在很多方面并不完善，其技术能力是否能够符合所需要的站点反应速度、系统稳定性、购物流程、安全性和链接的有效性要求还待检验。对于这些指标的介绍具体如下：

反应速度。现今网民数量的剧增以及对宽带的要求也越来越高，一个网站能否对这些变化做出快速的反应至关重要。很多网站在面对大幅的网民速度剧增时不能做出适应的调整而造成网站崩溃和倒塌，不仅丢失了客户也失去了信任。

系统稳定性。作为返利网，其网站应该时刻保持稳定，如果不能保证消费者能够顺利地完成订单流程和整个购买行为，那么返利网就不能生存。返利网的系统应该尽量地减少系统故障、系统漏洞和降低系统的不完整性。系统的可用性高、稳定性强、少故障对返利网的发展非常重要。

购物流程。返利网作为消费者购物的三方平台，自身的操作就已经比传统的购物多了步骤和流程，所以返利网在购物流程的设计方面应该尽可能地简化，减少消费者的操作流程。有的返利网对此已经做得非常完善，在消费者注册登录的时候采用了“联合登录”，使得消费者不再麻烦地多次注册登录。

链接的有效性。既然返利网是一个导购的三方平台，自然要和很多商家合作，才能够吸引消费者到来。所以返利网合作的商家必须是真实的和有效的，即与之合作商家的链接必须是有效的，而不是一些噱头，只为吸引消费者的光顾，却不产生购买行为。与之合作商家的链接必须是真实的，这样才能让消费者信任，不能够做“一锤子买卖”，做出欺骗消费者的事，认为能够骗一个消费者就是一个。

而举例的51返利网，在经过实际操作后笔者体会到操作速度基本上是由自身环境的带宽影响，而在系统稳定性上和某些设置上面经过尝试，笔者发现51返利网的“手机绑定”等验证操作模块反应速度慢，多次尝试无果。不过51返利网也补足了这一缺点，有“人工服务”这一模块，通过人工服务，可以解决问题，但是这一操作会给消费者带来不便。以下图6-5和图6-6可以展现上述的问题。

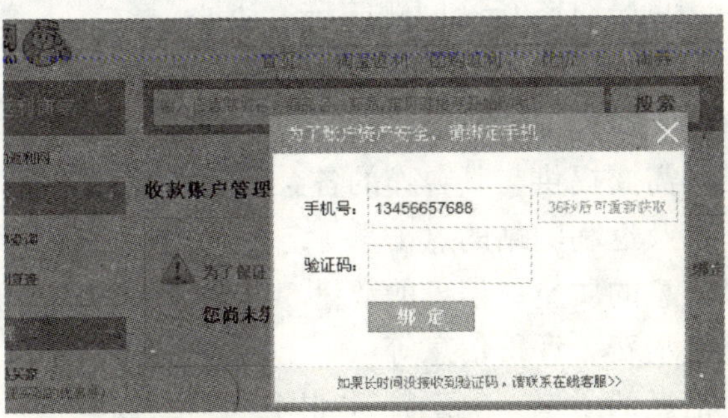

图6-5 “手机绑定”功能

图 6-5 为返利网的手机绑定功能，目的是为了保护消费者的账号信息，如若有被盗情况出现，可以及时找回。但经过操作，51 返利网的系统后台并不完善，反应速度慢，经过几次操作都没有成功。

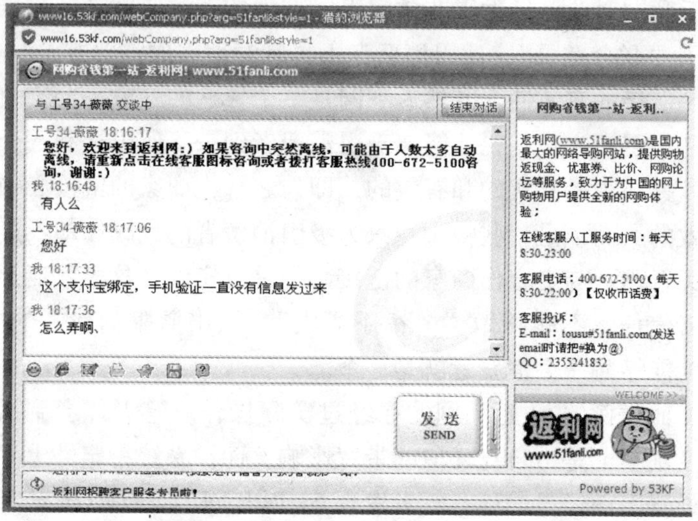

图 6-6 “人工服务”功能

图 6-6 是在图 6-5 的操作基础上出现的操作，在人工服务功能上，51 返利网做得比较成功，反应速度较快，人员服务较称职，算是对图 6-4 问题的一个补足。

6.2.3 信息指标

返利网需要提供与其合作的各个商家的信息、网站提供的返利比率以及返利网站的点击量等。信息指标在返利网的标准便是提供信息的质量、信息的数量、购买人数总量、商家活动信息更新、消费者评价信息等。

提供信息的质量，决定着返利网的真实性和可靠性。只有返利网提供的信息真实可靠，才能够获得消费者的信赖和长久的光顾。

返利网购买人数的总量是返利网能够获得更多客户资源的重要因素。很多的消费者都有着从众心理，都会不自觉地认为购买人数多的东西都是好东西。所以返利网购买人数总量的信息在返利网上能够具体地体现出来显得非常必要。

消费者评价信息，一般的购物者在购买商品时都会看其他消费者对该商品的评价，所以返利网提供的消费者评价信息决定着消费者对该商品的看法和购买意向。

而在信息指标方面，51 返利网已经存在七年之久，提供的信息真实性是经得起事实考验的。但是 51 返利网在消费者评价和购买人数的直观人数方面却没有体现。所以各个返利网站在主页面设置一个网站的评论信息是很必要的，这有利于可信度的提高。

6.3 返利网的评价和相应对策和建议

综上对返利网的盈利模式、内外部竞争和返利网发展的长期性和信息安全性的三个方面的分析，能帮助我们更深层次地了解返利网。现用界面指标、技术指标和信息指标这三个指标来对返利网进行评价，同时亦提出相应对策和建议。

6.3.1 返利网的评价

（1）从各个指标方向评价

前面的内容使我们了解到了界面、技术和信息三个指标。基于这三个指标，设置关于返利网的问卷调查。问卷调查发放 150 份，回收 120 份，其中有效问卷共 110 份。经计算，回收率有 80%，有效回收率为 73.4%。

问卷主要设置的问题包括性别，返利网界面、技术和信息三个指标等，共 11 个问题。为了更直观地看出问卷的设置和后面的分析，建立如下的表 6-1，之后建立表 6-2，列出各个答案的评分值。

表 6-1　问卷调查考察方向

指标	11 个问题
性别比例	Q1：性别
普及程度	Q2：对返利网的熟知程度
界面指标	Q3：界面简洁
	Q4：栏目设置
技术指标	Q5：访问速度
	Q6：系统稳定
	Q7：购物流程
	Q8：链接有效性
信息指标	Q9：信息质量
	Q10：是否有购买行为
	Q11：消费者评价

表 6-2　评分标准表（性别没有设定评分）

选项	分值
A	1
B	2
C	3
D	4

根据以上两个表的设立，将收集到的 110 份有效调查问卷通过采用 SPSS17.0 来进行分值计算和统计，得出如下的表 6-3 中的数据。

表 6-3 问卷结果统计

指标	A	B	C	D	总分	比重
性别	61	49	—	—	—	—
是否知道返利网	5	32	31	42	330	0.75
界面简洁美观性如何	7	10	43	50	356	0.809 091
栏目设置合理性如何	8	9	48	45	350	0.795 455
访问速度如何	3	6	60	41	359	0.815 909
系统稳定性如何	5	7	68	30	343	0.779 545
购物流程如何	7	9	54	40	347	0.788 636
链接有效性如何	48	44	11	7	197	0.447 727
信息质量如何	43	55	11	1	190	0.431 818
返利网购物次数	45	36	19	10	214	0.486 364
对返利网做出评价	40	44	17	9	215	0.488 636

从表 6-3 可以明显看出，人们对返利网有一定的熟悉度，对返利网的界面、栏目设计、访问速度和系统稳定性评价都比较高。但是，从后面的几个指标来看，比重却越来越低。具体三个指标评价如下：

从界面指标来看返利网的界面一般醒目、美观，能够让消费者一目了然，并且受到吸引产生相应购买行为。

从技术指标来看，很多返利网可以实现，特别是 51 返利网是众返利网的翘楚者，在技术层面已经比较完善，操作和购物流程都比较简单便捷。但是有的返利网只是噱头而已，很多的链接有效性并不能够实现。由于返利网站的数目太过于繁多，在技术指标这一方面来讲有的返利网是已经具备技术能力，有的却还相差甚远。

从信息指标来看，返利网的信息质量、购买行为和消费者评价却比较低，这表明消费者对返利网并没有多大的信任感，重复的购买次数并不多。这一现象，也足以说明返利网很多时候并没有给予大众树立良好的信誉，在诚信上没有得到认可。如果不解决这一问题，返利网不能够长期发展。

（2）返利网的优缺点

返利网的优点最为直观的就是为消费者省钱，同时电商推广的费用在减少的同时电商本身也得到大幅度的宣传。所以，从消费者的角度来说，返利网给消费者提供了省钱的渠道，同时登陆也方便，而且各个返利网站提供的返利比率都有不同，消费者可以货比三家择优选择。从电商的角度来看，返利网的出现比传统的电商推广更加有效地做出了宣传，把宣传成本也尽可能地降低了。

但随之，返利网的缺点却日益暴露出来。正因为消费者有着货比三家的心理，很多消费者在选择返利网时往往会更加偏向返利比率更高的返利网进行购物，却忽略此选择应该注意的其他问题。很多返利网以高额返利为噱头，吸引消费者购买，可到最后返利的比率却不是承诺的那么多。同时很多返利网返利的周期比较长，让很多消费者非常的不满。很多消费者表示返利时间太长，很可能都忘了自己在返利网购买过东西。在电商方面，有的返利网没有做到诚实守信，“城门失火，殃及池鱼”，让很多电商也受到波及，当消费者觉得自己上当受骗的时候就会降低对电商的服务认可度。

6.3.2 相应对策和建议

（1）完善盈利模式

返利网之所以在外部竞争者出现的时候处于完全的被动地位，最为主要的原因就是其依赖性。返利网依赖各个电子商务网站，如果不完善自身的盈利模式，返利网将会在发展过程中一直处于被动地位，电商的微小决策变化都可能给其致命一击。如果返利类网站的利润来源仅仅是“中间差价”，对各个电商过度依赖，势必不利于其未来发展。返利类网站应该在当前的返利模式的基础上，积极地创新，创造出更加完善的盈利模式，实现多元化、多途径获益。网购市场发展到了一定的程度以后，会将现有的资源进行最大限度的整合，因此返利类网站要提升对商家的谈判能力和对用户的服务能力，适时进行业务整合，以应对全新的市场竞争局势。

同时，根据问卷调查，也可以发现，返利网的客户中女性数量是多于男性的，所以在合作商家和板块设计方面可以更加趋向于女性客户。

（2）提高信息的可信性和可靠性

很多负面新闻出现的终究原因便是返利网提供的信息不可信，也不可靠。一个返利网站如果想要长期发展并且留住客户资源，就必须持久有效地提供真实信息、可靠信息。

返利网一直如雨后春笋般相继出现，但消费者对其的信任度却直线下降。所以返利网自身应该“自律”，保证自己网站信息的可信、可靠。同时，最好在自身网站界面设计上，特意留出消费者评价的信息，让其他消费者能够更加直观地了解其网站。

当然，在返利网自律的同时，相应的法律、法规也应能够相应地约束不法商家，淘汰掉不合法的返利网站，留下做得好的返利网。所以，返利网提高自身信息的可信性和可靠性不仅能够留住客户资源，还能够在法律、法规出现的情况下得以生存发展。

（3）提高行业门槛

返利网在盈利模式上太过依赖电商，自身的门槛也太低，还不仅让很多新的返利网加入进来，与其合作的商家也成为了竞争对手。

一般的返利网规模小、营运成本低、知名度低。一个拥有雄厚资本实力的企业，才可以吸引人才，加速产品创新，加大网站推广。返利类网站的技术提升空间还是很大的，所以返利网自身存在的一些问题，比如周期过长、订单跟踪不准确等问题，通过技术改进是可以改善的。同时，优化与合作商结算或各方面实时的订单核对流程，可以实现成本的缩减。因此加快融资步伐，对于帮助返利网站快速地占领市场非常重要。此外，返利类网站在获得融资的基础之上，应实现技术提升，从而提高行业门槛，保持自身的竞争优势。

6.4　对返利网的总结和展望

本章主要是对返利网的盈利模式、内外问题、外部竞争和返利网发展的长期性、信息安全性三个方面进行了分析，得出了返利网的优缺点以及存在的问题，并提出就界面指标、信息指标和技术指标这三个指标设置对应的问卷调查，根据收到的问卷进行了统计分析，对返利网进行了客观的评价，也以此找到了一些对返利网所存在的问题的解决思路和方法。

本章从多个方面对返利网做出了综合评价，找到了一些问题，相应地也提出了一些解决方法。但是评价的方向依然有不足，并不全面，同时对返利网存在问题所提出的解决方法并未实践运用，还需在实际运用中不断地改变和发展，日后还需更多的再次研究才能够完善。同时，由于返利网的发展速度比较快，大部分文献资料都来自于期刊和新闻，没有太多的学者研究，所以在参考文献方面还不够完善，很多的理论知识还不够多。

返利网作为新兴出现的行业，有很多的不足。正因为如此，很多返利网的负面新闻接踵而来，在这个是危机也是契机的时候，返利网能否继续发展下去，成为很多人所关注的焦点。笔者希望通过本书的研究能够给返利网带来一定的发展可能，同时也希望有更多的学者对返利网进行研究和探讨，提供更多的参考资料供大家参考，对返利网的发展提供更多的方向和可能性，让这个新兴出现并且有发展前景的行业在电子商务飞速发展的今天占有一席之地。

参考文献

[1] 张权. 返利网谁得利 [J]. 销售与市场，2012 (8).

[2] 鲁正旺. 返利网穷途末路 [J]. 商界，2012 (8).

[3] 郑齐翔. 从福建返利网崩溃浅析我国网购市场现状 [J]. 企业导报，2012 (11).

[4] 程淮. 返利网的魔力有多大 [J]. 经济视野，2012 (5).

[5] 梨冲森. 返利网的新期许 [J]. 经理人，2012 (3).

[6] 中原. 返利网生存模式探析 [J]. 互联网天地，2012 (11).

[7] 匡雪丽. 基于模糊层次分析法的电子商务网站评价策略 [J]. 科技情报开发与经济，2011 (18).

[8] 赵家胤. 基于模糊层次分析法的电子商务服务满意度评估方法 [J]. 信息化研究，2011 (3).

[9] 姚瑶. 基于用户满意度的团购网站的评价体系研究 [D]. 西安：西安电子科技大学，2012.

[10] 宋淑晨. 浅析返利网的发展现状及前景 [J]. 现代商业，2012 (24).

[11] 辛凯. 浅析返利网站的营销模式 [J]. 经营管理，2011 (20).

[12] Justdo. 返利网站真能为你省钱吗 [J]. 电脑爱好者，2011 (12).

[13] 沧海. 返利网站的生死劫 [J]. 电脑爱好者，2012 (12).

[14] Justdo. 高额返利网击鼓传花的背后 [J]. 电脑爱好者, 2011 (23).

[15] 唐江华. 直接返利撬动二批网络 [J]. 中国商贸, 2004 (1).

[16] 瞿文婷, 汪旭东. 返利网: 电商促销员 [J]. 创世邦, 2011 (12).

[17] 佚名. 返利网实惠给了谁 [J]. 织坊服装周刊, 2011 (29).

[18] 泓墨儿. 网购别忘要返利 [J]. 家庭之友, 2012 (7).

[19] 林永华. 返利网站监管缺失成传销平台 消费者权益需多方维护 [N]. 通信信息报, 2012-08-22.

[20] 李娟. 返利网大起底: 万家购物如何吹起庞式骗局 [N]. 第一财经日报, 2012-06-26.

[21] 林娜. 返利网站前景堪忧 [N]. 国际商报, 2012-05-18.

[22] 敖祥菲. 淘宝封杀返现返利网站迎寒冬 [N]. 重庆商报, 2012-11-22.

[23] 陈光锋, 张威, 霍兴伟, 林文钦. CPS 联盟十万分销大军 [J]. 销售与市场, 2010 (4).

[24] 赵海霞. 返利模式瘦身潮下逆势走红 诚信问题仍为发展最大考量 [N]. 通信信息报, 2011-11-09.

[25] 刘占红. 返利网被陷传销门 [N]. 中华工商时报, 2012-07-09.

[26] 郭娅舒. 基于波特五力模型的返利类网站发展策略探析 [J]. 当代经济, 2012 (17).

[27] 莫玉鑫. 返利营销, 看起来很美 [J]. 市场观察, 2011 (6).

[28] 蒋锦仕. 团购之后返利网兴起 [N]. 海峡财经导

报，2011-09-21.

[29] 林建荣. 三足鼎立说返利 [N]. 第一财经日报，2012-06-09.

[30] 小狼. 五六折 全新的返利模式 [J]. 电脑迷，2010 (20).

[31] Zhang Peihong, Wang Kan, Wan Huanhuan, Ma Zhong, Jiao. Fuzzy AHP Based Comprehensive Evaluation on Facility Management System of High Rise Office Buildings [J]. Journal of Shenyang Jianzhu University: Natural Science, 2011 (2).

[32] Xiaohong Wang, Liwei Li, Ling Tian. Research on Fuzzy Comprehensive Evaluation of Enterprise Websites [J]. Beijing: College of Management Beijing Union University. 2010 (2).

[33] Lucy Tobin. Money Hot Tips Cashback Sites [J]. Evening Standard, 2010.

[34] Jones, Gareth. Cashback Sites Drive Web Sales [J]. Promotions and Incentives, 2008.

[35] X. Zhang, H. Xiao, W. Fan. The Evaluation of B2C E-commerce Site [J]. Henan Science, 2012 (24).

[36] X. Ge. Enterprises Website Content Evaluation Indexes Design and Positive Analysis Based on CSR [J]. Science Technology and Industry, 2011 (8).

[37] Anonymous. Rebate Network Expanded [J]. Fleet Owner, 2010 (53).

[38] Matthai Chakko Kuruvila. PG&E to Offer 20% Rebate [J]. Knight Ridder Tribune Business News, 2005.

[39] J. Chang, G. Xia. Modeling E-commerce Website Quality Management Based on Bayesian Network [J]. Journal of Tsinghua University: Science & Technique, 2006 (46).

[40] J. Lin, H. Chen. E-commerce Website Evaluation

Based on Factor Analysis and Correspondence Analysis [J]. Information Science, 2008 (26).

附录　关于返利网的调查问卷

您好，欢迎参加本次调查！

[单选] 请根据你自己的情况如实选择以下答案：

1. 您的性别：(　　)。

A：女　B：男

2. 您是否知道返利网：(　　)。

A：不知道　B：好像听过　C：知道　D：知道，并购买过

3. 据您的经历和看法，您觉得返利网的界面是否简洁美观？(　　)。

A：不好　B：不知道　C：一般　D：很好

4. 据您的经历和看法，返利网的网站栏目设置是否合理(直观)？(　　)。

A：不好　B：不知道　C：一般　D：很好

5. 据您的经历和看法，返利网的访问速度怎么样？(　　)。

A：不好　B：不知道　C：一般　D：很好

6. 据您的经历和看法，返利网的系统是否稳定（是否经常出现错误信息)？(　　)。

A：不好　B：不知道　C：一般　D：很好

7. 据您的经历和看法，返利网的购物流程是否方便？(　　)。

A：不好　B：不知道　C：一般　D：很好

8. 据您的经历和看法，返利网的链接合作商家是否真实有效？(　　)。

A：不好　B：不知道　C：一般　D：很好

9. 据您的经历和看法，返利网提供的信息质量如何？(　　)。

A：不好　B：不知道　C：一般　D：很好

10. 您是否经常在返利网购物？(　　)。

A：从不　B：很少　C：有时　D：经常

11. 如果让您对返利网进行评价，您认为它如何？(　　)。

A：不好　B：不知道　C：一般　D：很好

感谢您参加本次调查！

第 7 章

电子商务软件保护及其外包数据安全

在网络盛行的今天，许多商业化软件通过互联网进行销售。同时，许多软件都被盗版、破解、滥用，致使许多软件开发者的劳动成果遭受巨大的损害。本章从应用的角度出发，提出了非对称加密技术在软件注册保护中的具体实现办法，对采用软件注册保护机制的软件项目具有实用价值。

7.1 非对称加密在电子商务软件保护中的应用

先来看看目前流行的软件注册保护机制的工作原理：用户从网络上获得某共享软件（该软件一般在功能上或时间上进行限制），用户使用后觉得满意，但要想获得功能完全的正式版软件就需要与软件供应商联系（也就是支付一定费用，提交相关用户信息后，软件供应商提供相关的注册文件或注册码）。软件用户用获得的注册文件或注册码进行软件注册后，软件用户就获得了完整的软件使用权。

再来看看软件注册的过程：首先用户把自己的私人信息

（如用户名、电子邮件地址、机器特征码）提交给软件提供者；然后软件提供者根据用户的信息，利用预先写好的一个程序（程序注册管理器）算出一组序列号（或生成一个注册文件）再转发给用户；用户得到该注册数据后，根据注册要求步骤在客户端软件中进行注册，其注册信息的合法性由用户端软件验证。不难发现，软件验证注册数据合法性的过程就是验证用户信息与注册数据（注册码或注册文件）之间的数学映射关系；其实它也就是生成注册数据的逆过程。这个映射关系往往是由软件设计者制定的，所以多数情况下每个软件生成序列号的算法有所不同。多数人认为算法越复杂，破解越困难，其实这种理解存在一定问题，破解者不会用常规思维方法去理解软件开发者使用的算法，他们更多采用的是在内存空间里对数据进行跟踪分析和操作，所以准确的理解应该是映射关系越复杂，破解越困难。本章将介绍采用非对称加密技术（以RSA（是非对称加密算法）为例）来实现软件注册保护。

软件验证注册数据合法性过程，其实就是验证用户名和注册信息（注册号或注册文件）之间的换算关系是否正确的过程。其验证最基本的方法有两种，一种是按用户输入的姓名来生成注册码，再同用户输入的注册码比较。但这种方法等于在用户软件中再现了软件公司生成注册码的过程，实际上是非常不安全的，不论其换算过程多么复杂，解密者只需把你的换算过程从程序中提取出来就可以编制一个通用的注册程序。

另外一种是通过注册码来验证用户名的正确性，这其实是软件公司注册码计算过程的逆算法。非对称加密技术软件注册机制，是基于这样一个原理：EKpr（用户信息）= 注册数据，EKpr 表示用私钥加密；DKpu（注册数据）= 用户信息，DKpu 表示用公钥解密。这种方案在设计上比较简单，保密性取决于对私钥的保密，算法、公钥完全可以公开，保密性相当好。

根据上述的算法，不难实现对软件的保护。为此进行了如下实验（以 C#为例）。

（1）生成私钥/公钥对，用于非对称加密解密，私钥文件一定要保存在安全的地方。

实现代码如下：

```
//采用 RSA 加密算法,系统默认参数初始化 RSAcryptoServerProvider 类
RSAcryptoServerProvider crpt = new RSAcryptoServerProvider();
//获得 Xml 格式公钥字符串
publickey=crpt.ToXmlString(true);
richText.Text="导出公钥/私钥的情况下:\n"+publickey+"\n";
keypair=crpt.TomlString(false);
string info="导出公钥的情况下:\n"+keypair+"\n";
richText.AppendText(info);
crypt.Clear();
StreamWriter one = new StreamWriter(keypath+"keypair.key",false,UTF8Encoding.UTF8);
one.Writer(keypair);
StreamWriter two = new StreamWriter(keypath+"publickey.key",false,UTF8Encoding.UTF8);
two.Writer(publickey);
one.Flush();
two.Flush();
one.Close();
two.Close();
MessageBox.show("成功保存公钥和私钥文件!")
```

该操作通过 RSACryptoServiceProvider 类的实例 crypt 建立私钥/公钥（keypair. key）对和公钥（publickey. key）文件 。

（2）假设用户向软件提供者提交了用户信息，如图 7-1 所示。程序注册管理器端类似操作如图 7-1 注册管理器界面

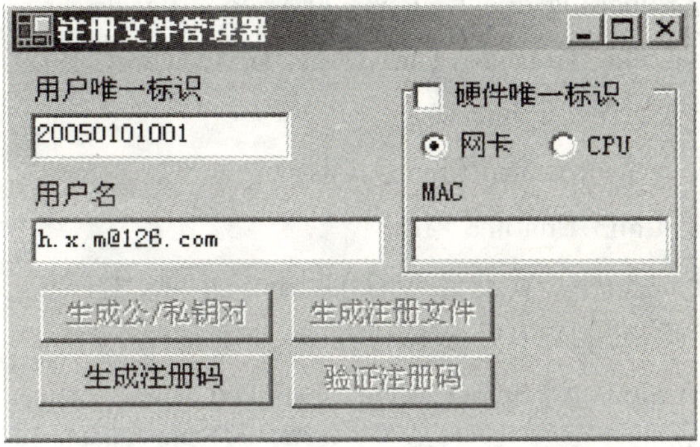

图 7-1

用户信息采用“用户唯一标识”+“用户名”。这样处理的结果是用户名往往会出现重复，不能起到唯一标识用户的作用。硬件唯一标识选项出现在软件需要与特定硬件绑定，这种限制可以进一步防止软件被复制（通过用户端软件注时对该信息进行验证），但同时也要求用户提供特定的硬件信息（可以通过客户端软件实现）。

（3）软件提供者用私钥对“用户名”+“用户唯一标识”，得到注册数据。

生成注册数据（生成注册码）代码如下：

```
StreamReader sr = new StreamReader (keypath+" keypair.key",UTF8Encoding.UTF8);
keypair = sr.ReadToEnd();
sr.Close();
//用私钥参数初始化 RSACryptoServiceProvider 类的实例 crypt
RSACryptoServiceProvider cryt=new RSACryptoServiceProvid
```

```
er();
crypt.FromXmlString(keypair);
UTF8Encoding enc = new UTF8Encoding();
bytes = enc. GetBytes ( textBox1. Text. Trim ( ) +" \ r \ n" +
textBox2.Text.Trim());
bytes = crpt.Encrpt(bytes,false);
this.button3.Enabled=true;
//对二进制字节进行 Base64 编码,但采用注册文件的形式
的时候也可以不做此转化
encrypttext  = Sytem. Convert. ToBase64String ( bytes, 0, bytes.
Length);
richText.Text="生成注册码:\r\n+encryttext"
```

将注册码写入文件 cqistec_ reg_ file. lic，如下所示：

```
StreamWriter one  =  new StreamReader (keypath+" cqistec_
reg_file.lic",false,UTF8Encoding.UTF8);
one.Writer (this.encryttext);
one.Flush();
one.Close();
MessageBox.Show("cqistec_reg_file.lic"+"生成成功");
```

（4）将注册数据（本例使用注册文件 cqistec_ reg_ file. lic）返回给用户。

（5）客户端程序采用软件提供者的公钥（存在于客户端的程序中）对注册数据进行解密。

```
StreamReader sr = new StreamReader (keypath+" cqistec_reg
_file.lic ",UTF8Encoding.UTF8);
encypttext  =  sr.ReadToEnd();
sr.Close();
//用公钥初始化 RSACryptoServiceProvider 类的实例 crypt
RSACryptoServiceProvider cryt=new RSACryptoServiceProvid
```

```
er();
crypt.FromXmlString(publickey);
UTF8Encoding enc = new UTF8Encoding();
Byte [ ] decryptbyte;
Try
{
    Byte [ ] ney_bytes;
newbytes = Sytem. Convert. FromBase64CharArray ( encryttext.
ToCharArray( ),0,encryttext.Length);
    decryptbyte= crypt.Decrypt(new_bytes,false);
    string decrypttext=enc.GetString(decryptbye);
    //此处插入验证逻辑
    This.label2.Text = decrypttext;
}
Catch
{
    This.label2.Text = "注册码验证失败:\n"
}
```

还原出“用户名” + “用户唯一标识” + “硬件标识（可选）”，然后进行验证（比较用户名、用户唯一标识、硬件信息）。

客户端得到的结果如图 7-2 所示：

该方案实现简单、可操作性强。对不知道私钥的破解者来说，非对称加密技术使“用户信息”与“注册数据”之间的关系变得更加复杂。所以私钥的保护非常重要，就软件开发者来说，在丢失了私钥的情况下要想开发出（或恢复）软件原注册器是几乎不可能的。

通过对软件注册保护的分析，提出了非对称加密方式注册保护的具体解决办法，可以有效防止破解者编写注册器。无论

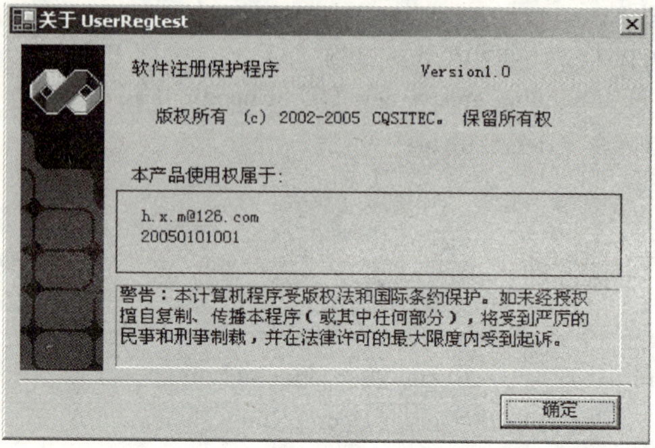

图 7-2　用户得到的结果图

采用多么强劲的加密算法来进行软件注册保护都不能阻止破解者的攻击，他们可能会绕开注册检查，也就是修改程序使用跳转指令跳过注册验证。如果能把软注册验证和部分关键应用逻辑相结合，那么也将能在一定程度上阻止破解者的攻击，不过这将会影响程序的结构性。如何防止软件被篡改又是一个值得研究的方向。

7.2　以.Net 为例探讨电子商务软件保护技术

Net 程序很容易被反编译出来，可以通过混淆器来进行一些掩盖，也可以通过强名称来保证不被修改。到底怎样才能最大限度地保证软件不被修改？怎样才能保证算法注册机不被轻易编写？本节将对以上.Net 软件保护中的两个问题进行探讨。

7.2.1　了解我们的对手——破解者采用的方法

由于软件保护技术所带来的商业利益，掌握软件本身保护技术的组织和个人都比较保守。而且，微软.Net出现时间也不算太长，.Net软件保护方面的资料就更加匮乏。因此许多软件开发人员不得不自行摸索，导致在重复劳动中走着前人走过的弯路，耗费了大量的时间和精力去保护软件产品，却在破解者面前变得不堪一击。进行软件保护，了解破解者采用的攻击手段是有必要的。根据是否对目标原软件本身进行修改，破解分为两类：

（1）不修改原软件的破解

破解者分析了目标软件的注册码算法后，制作出来的一种可以自动生成软件注册码的程序。由于用这种方式破解的软件和正版注册的一模一样，功能上没有任何区别，所以它应该是最完美的软件破解方式。

内存破解是先加载破解程序（内存注册机），再通过它去读取内存中软件的注册码，或修改内存中软件相关的某些数据（准确地说这种破解也修改了目标软件）来达到破解软件的目的。

（2）修改目标软件的破解

这类破解是指通过修改原软件代码来跳过注册码验证或时间验证，基本上都是修改原程序的判断语句，插入相应跳转语句（指令），来跳过注册检查和相关验证。

7.2.2　构建坚固的盾——防止软件被破解的方法

防止软件被破解的方法有下面几种：

（1）采用序列号的软件保护

当前的一些软件保护技术中，序列号的保护机制是最为流行的。注册过程一般是用户把自己的私人信息（一般主要指名字）连同信用卡号码或电子邮箱地址（往往也用于唯一标识用户）告诉给软件公司，软件公司会根据用户的信息计算出一个序列码，在用户得到这个序列码后，按照注册需要的步骤在软件中输入注册信息和注册码，其注册信息的合法性由软件验证通过后，用户就能获得软件的使用权。这种软件保护实现起来比较简单，不需要额外的成本，用户购买也非常方便。

现有的序列号加密算法大多是软件开发者自行设计的，大部分相当简单。而且有些算法作者虽然下了很多的功夫，效果却往往不甚理想。

软件验证序列号的合法性过程，其实就是验证用户名和序列号之间的换算关系是否正确的过程。其验证最基本的方法有两种。一种是按用户输入的姓名来生成注册码，再同用户输入的注册码比较，其公式表示如下：

序列号 = F（用户名）

但这种方法等于在用户软件中再现了软件公司生成注册码的过程，实际上是非常不安全的，不论其换算过程多么复杂，解密者只需把你的换算过程从程序中提取出来就可以编制一个通用的注册程序。

另外一种是通过注册码来验证用户名的正确性，公式表示如下：

用户名称 = F'（序列号）

这其实是软件公司注册码计算过程的逆算法。

还有一种是：

F1（用户名称）= F2（序列号）

F1、F2 是两种完全不同的的算法，但用户名通过 F1 算法计算出的特征字等于序列号通过 F2 算法计算出的特征字，这种算法在设计上比较简单，保密性相对以上两种算法也要好得多。如果能够把 F1、F2 算法设计成不可逆算法的话，保密性就会相当的好；可一旦解密者找到其中之一的逆算法的话，这种算法就不安全了。

以上采用的都是一元算法，目前业内已经提出并采用了二元算法并结合非对称加密解密来进行注册保护，但还未见到完整可行的资料介绍。下面是笔者的一种解决方案。该方案实现步骤如下：

①假设用户向软件提供者提交了用户信息（通常是用户名）。

②软件提供者用私钥对“用户信息”+“用户唯一标识”后缀（用户唯一标识后缀需要具有一定规律），得到特定值 FV。

③将特定值 FV 作为序列号返回给用户。

④客户端程序采用软件提供者的公钥（存在于客户购买的程序中）对 FV 进行解密。

还原出“用户信息”+“用户唯一标识”后缀，然后进行验证（比较用户信息和验证用户唯一标识后缀的规律性）。

特定值 FV = E_{Kpu}（用户信息，用户唯一标识后缀）

（用户信息，用户唯一标识后缀）= D_{Kpr}（特定值 FV）

注：如果是注册码的形式，特定值 FV 与序列号之间应该还有一次二进制与字符串相互的转换过程。

这方案使“用户名称”与“序列号”之间的关系变得非常复杂，就连软件开发者在不知道丢失了私钥的情况下要想开发出软件注册器都几乎不可能。这种情况下，对于破解者来说，经过多次信心的考验后他可能会考虑放弃编写注册码生成器的想法，转而采用对目标软件修改或是内存补丁的方法对目标软件（程序）实施攻击，相应的对策将在下一节讨论。

（2）强密码软件保护

过去有一段时期，开发人员编写的代码始终在一台电脑上运行，几乎没有人能获得它的副本，也不用担心它会被人修改。今天，尤其是商品化的软件，很难保证发布出去的软件明天不被人修改后用于其他目的。

现代密码学强调，一个密码系统的安全性在于密钥的保密性，而不在算法的保密性。对纯数据的加密的确是这样。对于你不愿意让他看到这些数据（数据的明文）的人，用可靠的加密算法，只要破解者不知道被加密数据的密码，他就不可解读这些数据。

但是，软件的加密不同于数据的加密，它只能是“隐藏”。不管你愿意不愿意让他（合法用户或破解者）看见这些数据（软件的明文），软件最终总要在机器上运行，对机器，它就必须是明文。既然机器可以“看见”这些明文，那么破解者，通过技术手段，也可以看到这些明文。从理论上讲，任何加密软件都是可以破解的，只是破解的难度不同而已。所以，软件保护（从技术角度）就是增加破解者的破解难度。接下来要做的是保护我们的软件不被篡改。提到保护软件不被篡改，对.NET稍有了解的人马上会提到采用强名称（Strong Name）。

微软许诺说，强名称可以保护.NET 程序集，防止其被篡改。在没有进一步研究过这方面时，这个说法听起来似乎很不错。的确,.NET 的 Strong Name Identify Permission 类是.NET Frame Work 较好的创新之一。开发人员用私钥来签名自己开发的组件，要使用该组件的其他开发人员必须提供访问该组件的公钥作为他们访问该组件的凭证，由 CLR 验证该公钥的有效性。

图 7-3 是.NET 强名称签名的程序集：

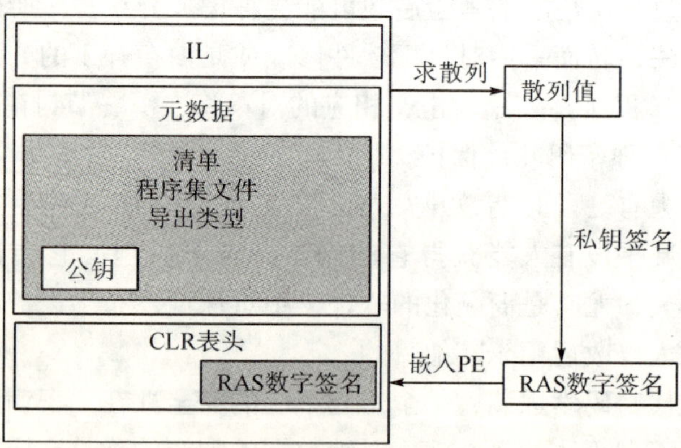

图 7-3

对此，进行以下试验：

步骤1：用 sn. exe 建立2个私钥/公钥对文件 testforSn. key 、testforSn2. key ；

步骤2：建立强名称程序 sn_ test. exe（用 testforSn. key 的私钥签名）；

步骤3：用 ILDASM 反编译 sn_ test. exe 为 sn_ test. exe. IL 源代码，对 sn_ test. exe. IL 稍作修改后，用 ILASM 汇编生成 sn_ test2. exe，运行 sn_ test2. exe 出现强名称验证失败对话框；

步骤4：对第3步生成并修改的 sn_ test. exe. IL 用 ILASM 汇编并加上 testforSn. key 的私钥签名，生成 sn_ test3. exe，运行通过，所作修改生效；

步骤5：对第3步生成并修改的 sn_ test. exe. IL 用 ILASM 汇编并加上 testforSn2. key 的私钥签名，生成 sn_ test4. exe，运行通过，所作修改生效；

结论：.NET 提供的强名称机制，只是起到一种唯一标识程序集的作用，并不能保护程序集不被篡改。

（3）用非对称加密技术来建立软件注册保护机制

1976年，美国学者迪米（Dime）和亨曼（Henman）为解决信息公开传送和密钥管理问题，提出了一种新的密钥交换协议，允许在不安全的媒体上的通讯双方交换信息，安全地达成一致的密钥，这就是“公开密钥系统”。相对于“对称加密算法”，这种方法也叫做“非对称加密算法”。与对称加密算法不同，非对称加密算法需要两个密钥：公开密钥（Publickey）和私有密钥（Privatekey）。公开密钥与私有密钥是一对，如果用公开密钥对数据进行加密，只有用对应的私有密钥才能解密；如果用私有密钥对数据进行加密，那么只有用对应的公开密钥才能解密。因为加密和解密使用的是两个不同的密钥，所以这种算法叫做非对称加密算法。在微软的 Window NT 的安全性体系结构中，公开密钥系统主要用于对私有密钥的加密过程。每个用户如果想要对数据进行加密，都需要生成一对自己的密钥对（Keypair）。密钥对中的公开密钥和非对称加密解密算法是公开的，但私有密钥则应该由密钥的主人妥善保管。

使用公开密钥对文件进行加密传输的实际过程包括四步：①发送方生成一个会话密钥（对称密钥）并用接收方的公开密钥对会话密钥进行加密，然后通过网络传输到接收方；②发送方对需要传输的文件用会话密钥进行加密，然后通过网络把加密后的文件传输到接收方；③接收方用自己的私有密钥进行解密后得到会话密钥；④接收方用会话密钥对文件进行解密得到文件的明文形式。因为只有接收方才拥有自己的私有密钥，所以即使其他人得到了经过加密的会话密钥，也因为无法进行解密而保证了会话密钥的安全性，从而也保证了传输文件的安全性。实际上，上述文件传输过程中实现了两个加密、解密过程：文件本身的加密、解密与会话密钥的加密、解密，这分别通过对称加密、解密和非对称加密、解密来实现。现在我们利用非对称加密技术来解决强密码体制遇到的安全保护问题：对于上面试验的第4步，破解者是不可能实现的（除非他获得了testforSn. key中的私钥，而testforSn. key是软件开发者严格保密的），他要做的就只能是在汇编时去掉强名称或用新的私钥签名（比如testforSn2. key中的私钥）。针对这一事实可以采用在软件中检查公钥的存在性和真实性，即：①对公钥分段并加密，分散存储。②对分段加密存储的公钥在软件中不同的位置进行验证。

说明：为了增加破解的难度，可以考虑把①、②两部分放入程序的应用逻辑中；在验证发现错误后，并不立即抛出异常或是跳转，只是更改应用逻辑，使应用逻辑最终不能得出正确结果。不过这样做会破坏程序结构，给调试和维护都带来不便。

由于Visual Studio. NET（VS. NET）体系中，VB、Visual

C++以及 C#之类的编译器把源程序编译成 MSIL（MSIL 即 Microsoft Intermediate Language，中间语言，它在执行之前被即时（Just-In-Time Compile，JIT）编译成为机器语言）。因为 MSIL 不与机器直接相关，使得它更容易被反汇编（逆向工程），反汇编的代码也容易被读懂。

本节通过对软件注册保护的分析，提出了非对称加密方式注册保护的具体解决办法，可以有效防止破解者编写注册器。而这种注册保护机制不仅限于.NET 软件，其他平台同样适用。

由于.NET 程序采用中间语言的形式，使得代码易于被反汇编，容易被破解者读懂，这个问题还值得进一步研究。

7.3　云计算环境下的电子商务服务外包数据安全问题研究

随着计算机和互联网的发展，信息时代到来了，与之同时，也带来了很多的问题。现在正是一个信息爆炸的时代，数据每过一段时间就会增加一倍，个人计算机的能力已经不能满足处理这些新增数据的需求，云计算模式的出现恰好能处理这一问题。云计算是由各种技术发展融合的产物。云计算利用网络把许多成本较低的计算实体组合成一个拥有极大计算能力的系统，使用软件即服务、平台即服务、基础设施即服务、管理服务提供商等这些先进的商业模式，把超强的计算能力分给终端用户使用。云的定义和内涵有很多种，到目前为止，就能找到 100 多种对云的定义。笔者认为云计算以后会发展成为只要信号能传输到这里，这里就有云的存在；只要拥有一个终端，就可以控制家里的一切电器，检测家里是否安全的阶段。

外包根据外包活动对象差异可分为制造业外包和服务外包。假如外包对象属于某种零部件加工或组装、总装，则其是制造过程外包；如果外包对象是服务，那么这类活动外包则是服务外包。服务外包是指企业通过外包平台把企业非核心或非主研技术外包给服务提供商来做，利用外部最优秀的专业团队来承接这项服务，达到企业减少投入、降低成本、节约时间目的所形成的一种新型的外包模式。服务外包改变了以前企业只是通过内部调整的局面，使企业转变为把这部分内容外包出去。1990年以后，互联网的普遍性促使服务外包迅速发展。全球范围内，不管任何企业都把自己的资金和人才集中于自己的核心竞争力部分，把非核心的部分外包给专业的团队，使得外包行业迅猛发展、不断成长。美国高德纳公司（Gartner）认为服务外包是组成IT服务市场中的一部分，分为信息技术外包和业务流程外包。IDC公司认为服务外包市场包括IT服务市场和业务服务市场。毕博管理咨询公司认为服务外包就是指企业将有限资源专注于其核心竞争力。例如云外包数据就是数据拥有者把数据存储外包给服务提供商。

随着第三代互联网的发展，数据安全成为制约云计算发展的一个重要因素。在服务外包行业中，外包数据安全是衡量整个行业是否成熟和能否继续发展的关键。在特定的情况下，云计算相当于服务外包。云外包是云计算环境下服务外包的一种形式。这些都会成为云计算环境下的服务外包的内容。服务外包主要提供的是数据外包服务，这一类外包模式的发展，意味着企业或个人对数据自我存储管理减少投入，把更多的精力和资金都放在重要的部分，也意味着企业和个人完全依赖服务提供商，很容易受到威胁。在外包这些服务的时候，我们会涉及很多数据的问题，比如说数据的存储问题、数据传输是否安全、数据访问是否安全。云计算存储系统是一个数据中心，其特点是大量客户连接、交互性高、对数据安全保障要求严格，对一些威胁数据安全的病毒、恶意软件非常敏感，会对云存储中的数据流进行实时主动地检测和防御。服务外包要发展，数据安全问题就必须得到解决。要解决这些问题，需要一定的时间，在这里建议设计一个插件，该系统主要作用是安全防御，既可以抵御网络攻击、验证身份，还可以记录数据。服务外包数据存储的安全分析云计算环境安全中，最重要的就是数据存储安全。在外包服务中，数据存储安全也是企业选择的一个重要指标。在数据外包中，所产生的数据都将记录在云环境中。数据的不安全就是用户和服务提供商的不安全。下面我们将从外包数据存储方式、外包数据内容、存储介质和终端数据几方面进行分析。

7.3.1 外包数据存储方式安全

（1）云计算数据存储的方式

外包数据存储方式安全包括以下内容：

云存储提供的可伸缩的数据服务无法清晰定义安全边界及保护设备，给云存储的安全保护措施增加了难度。

云环境下数据存储的方式如图 7-4 所示，云用户通过云服务接口链接数据中心，对数据进行存储。在数据中心，有多种类型的文件系统管理文件。

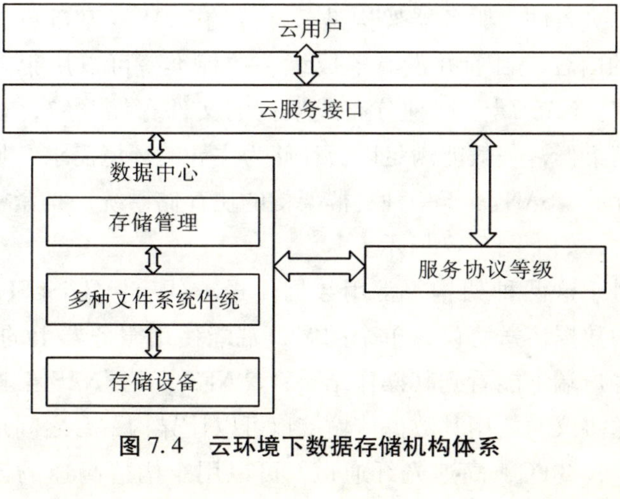

图 7.4 云环境下数据存储机构体系

（2）云计算环境服务外包数据存储的模型

云计算和云存储是当前最热门的技术话题，云存储是未来计算机存储技术的主要发展方向。云存储是通过分布式文件系统和网格技术等功能，用应用软件将连接在网络上的大量的不同的存储设备联合起来，共同对外提供数据存储和业务访问功能的一个系统，如图 7-5 所示。

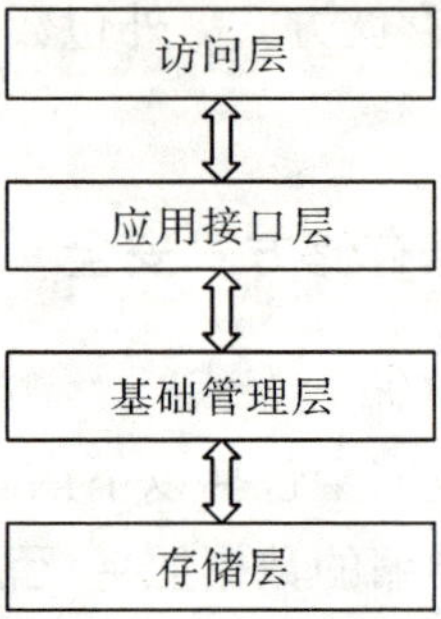

图 7-5　云数据存储结构

云存储系统结构模型主要由以下四部分组成：①存储层；②基础管理层；③应用接口层；④访问层。服务器是构建云存储的先决条件，服务器架构是云计算的 IAAS（基础设施即服务）的内容，目前并没有形成统一的标准，可以用很多技术来实现。NAS 属于一种分布式架构的文件存储系统，是松散结合型集群，一般能满足以云存储为主导的环境需求，见下图 7-6 所示。SAN 属于一种集群架构的块存储系统，是紧密结合型集群，如下图 7-7 所示。

对于这两种架构，常用数据传送方式有：①iSCSI，SAN 架构的数据传送协议，单个的客户端能使用服务器上的数据，其他客户端不能看到其操作结果；②NFS/CIF，NAS 架构的数据传送协议，使用其数据传输接口可以让异构平台之间形成数据共享；③FC，高速光纤通道，可以用于构造高速的云存储

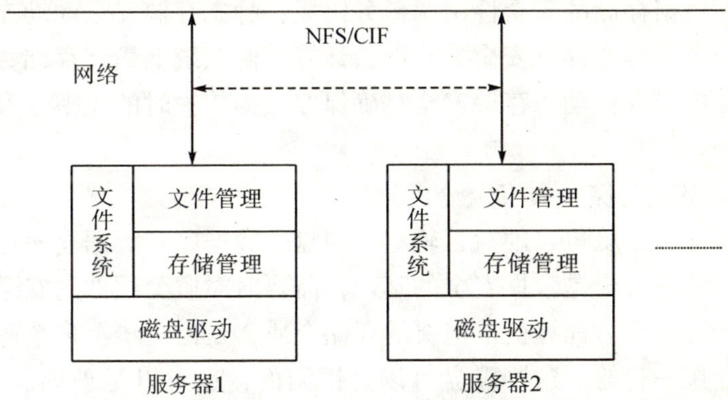

图 7-6　基于 NAS 的存储架构

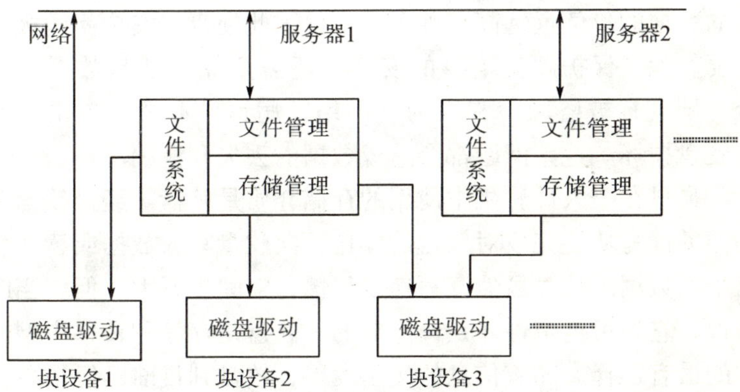

图 7-7　基于 SAN 的存储架构

系统。

云存储主要有三种：①内部云存储，位于企业防火墙内，很像私有云存储；②公共云存储，这一类服务提供商可以保持用户的存储和应用的独立性、私有性；③混合云存储，就是把上面两种云集合起来。现在服务外包数据存储的方式一般都把两者集合起来。这样的做法虽然让服务提供商降低了成本，但数据安全问题却很严重。

数据存储的安全性由两部分组成：静态存储安全和动态存储安全。静态存储安全是确保云计算存储系统上最终存储数据的存放安全；动态存储安全是确保在数据传输时的完整性和保密性。

（3）存储介质安全分析

存储介质包含硬盘、软盘、网盘、数据库和数据仓库等几种。硬件安全是数据安全的基础，需要时时监测硬件的安全。

硬盘作为计算机最主要的存储介质，是由一个至多个碟片组合在一起的，这些碟盘可以是铝制的，也可以是玻璃制的，碟片外面有铁磁性材料。硬盘一般都是固定硬盘，还有一部分是移动硬盘，这类硬盘固定在一个小盒子里，方便携带。其存储的数据的价值远远高于硬盘本身，因此硬盘的安全问题极其重要。除了保护硬盘本身的安全，还需要保护硬盘数据的安全。硬盘有被盗风险和人为（网络、病毒、木马）攻击引起的硬盘损坏。这些问题都会造成数据的丢失和泄漏。

最早在个人计算机中使用的存储介质是软盘。经过软盘驱动器的读写功能完成对软盘的操作，向软盘写入数据或读取软盘中的数据。软盘虽然读写速度很慢，空间也不大，但就当时来说，它的可携带性才是最重要的。软盘是存储和转移小型文件的最有选择。随着信息的飞速发展，软盘到目前已经很少使用，它的存储量小导致它已经不适合当今社会需求。软盘安全和硬盘安全一样，都是害怕数据被攻击而损毁和被盗风险。

网盘是一种能在网络中存储数据的工具，是网络公司推出的在线存储服务。网盘就是一个虚拟化的优盘，只存在于网络之中，是一种云服务模式，用户一样地可以对其中的数据进行访问、存储、备份、管理等。其不用随身携带，更不用害怕丢失。网盘存在于互联网中的云服务，一般网络安全问题它都存在。

数据库是根据一定的数据结构，把数据存储起来并对其数据进行管理。对于数据库安全，国内外没有统一的定义。这里国外的（C. P. Pfleeger）在“Security in Computing——Database Security. PTR，1997”中对数据库安全的定义最具有代表性，其被国外很多教材、论文和培训所广泛应用。他从以下方面对数据库安全进行了描述：

①物理数据库的完整性。数据库中的数据不会因自然和物理原因破坏掉。

②逻辑数据库的完整性。修改其中一个字段不会影响和破坏其他字段，保证数据库的结构不会发生变化，影响数据库的数据安全。

③元素安全性。每一个元素都是正确的，这样才能保证数据库中的数据不会出现安全问题。

④可审计性。用户在使用数据库的过程中，会不自觉地改动一些数据或者删掉一些数据，而这些数据可能是不能修改的那一部分，这就需要我们可以跟踪到使用并且修改了数据库元素的用户。

⑤访问控制。针对不同的用户需要设置不同的访问权限，比如说公司高层需要能够看到整个公司的状况和机密文件，好对公司未来做出正确判断，而公司员工不能拥有这样的权限，否则可能会造成机密泄露。

⑥身份验证。为了保障数据和用户的安全权益，审计追踪或对某数据库的访问都要进行标准的身份验证。

⑦可用性。对于拥有使用权限的用户，其能随时调用访问数据库。

数据仓库是在数据库的基础上发展起来的，数据仓库与数据库有着明显的区别，数据仓库就是一个仓库，他会把所有的数据都存起来，并且这些数据是不能修改的。数据仓库研究的关键在于向数据库“镇南关”获取信息。其关键在于面向主题，有着集成性、稳定性和时变性等特征。1990 年恩门（W.

H. Inmon）提出了数据仓库。

数据仓库的安全涉及许多方面，如图 7-8 所示，将数据从操作型数据库加载到数据仓库的数据加载过程以及前端应用程序与 OLAP 服务器（ 或数据仓库）间的通信都对网络安全提出了要求。数据仓库信息的安全和数据仓库是一对矛盾体。为了数据的安全，我们依然要对数据仓库的安全进行管理，保证数据拥有者的数据安全。数据仓库中内容的安全和数据的访问与其他任何信息处理环境一样重要。在数据仓库的建立过程中，每一步的安全都可能受到威胁。从数据仓库的体系结构与资源组成来分析，数据仓库的安全大致包括以下四个方面：实体安全；数据安全；软件安全；运行安全。

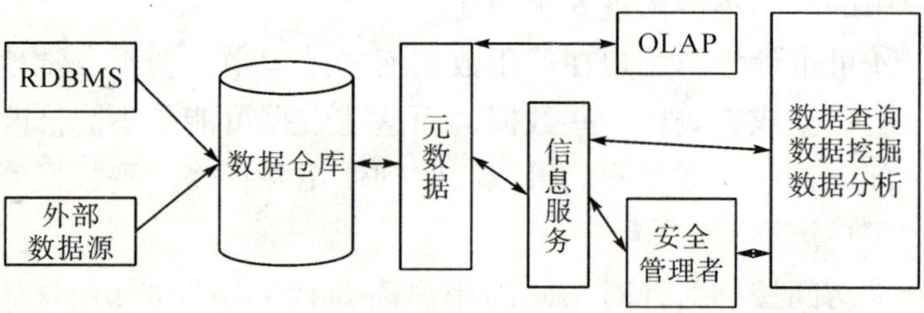

图 7-8　基于元数据的数据仓库安全模型

（4）安全终端数据存储安全分析

首先是用户—网络接口功能组，这样的终端很多，一般来说电器类的都可以成为终端。为了简化结构，这里把终端分为两类：一是移动类终端，这一类终端体积下，方便携带；二是固定类终端，这一类因体积或者需要，不方便移动和携带，因此除了一般安全，还根据具体情况有各自不同的情况。

移动类网络终端包括手机、IPAD 等很多可以移动的并且可以随时连接网络进行数据访问的终端。而这类终端一般使用的是无线网络技术，因此无线网络的安全问题都是它的安全问题，另外还有一个问题，就是容易被盗。这一类终端受木马和病毒的威胁相对较小。无线网络的开放性造成其很容易受到窃听和主动干扰等攻击。无线网络没有一个明确的边界，会引起数据安全问题。而移动性也让安全管理难度更大。移动类终端不但可以在很大范围内移动，而且还可以跨区域使用，这增加了对接入节点的认证难度，比如移动通信网络中的接入认证问题。移动节点没有足够的物理防护，从而易被窃听、破坏和劫持，那么数据安全就不能得到保障。移动终端使用的无线网络一直存在很大的安全问题，其动态变化的拓扑结构是安全方案难以实施的。移动类终端可能导致数据丢失，因为无线网络的稳定性不好或者是访问争抢都可能出现这种情况。移动类终端因其的可移动性引起被盗风险而造成数据泄露。

固定类网络终端一般采用的是有线网络技术，那么其就跟无线网络的安全问题不一样了，有线网络有一个固定的防御边界，边界是可以界定的，那么其存在的安全就是物理安全和其他安全。固定类终端害怕受到自然威胁，比如说电力问题和自然灾害等这类可能引起硬件安全的威胁。非授权访问是固定类终端安全的大问题。非授权访问指具有一定的计算机编程操作能力，并且能熟练地使用一些技巧来获得一些非法和未授权的操作权限侵入他人的网络，达到某种目的，或以这个网络作为跳板取得更高一级的访问权，窃取机密和破坏数据的人。木马程序和病毒威胁，是使用有线网络一直需要防护的问题。这类安全问题很容易造成数据丢失和数据泄露。因此检测网络安全非常重要。

7.3.2　服务外包数据访问的安全分析

数据拥有者通过网络连接服务提供商访问数据。那么在访问前、访问过程中、访问后都会存在数据安全问题，比如访问时的网络安全，是否被监听等问题。分析访问安全需要从数据安全入手。

数据访问是应用程序链接到数据源访问数据的一种行为。在使用很多应用程序的时候都需要用到数据，数据的来源有很多，比如本地来源、网络来源等，用户通过中间代码或中间件进入数据源，并且取出数据后送到应用程序来处理。

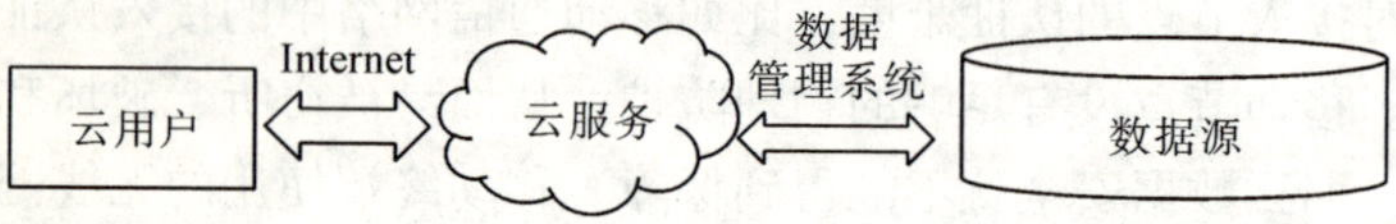

图 7-9　云数据访问

如图 7-9 所示：云用户通过 Internet 连接云服务提供商，调用服务外包的数据。

在图 7-9 中用户需要通过网络连接云服务提供商获取和使用数据，因此网络安全的一般问题都是数据访问安全需要注意的。还有就是数据不是把握在用户自己手中，存在更多的安全问题。

外包数据安全有下面七种风险：①数据隔离风险。因为对云计算的不可控制性，所以用户可以访问云计算的数据但不能对云计算中的数据进行控制。要做到不同的用户数据之间的有效隔离，防止非法访问数据，造成数据安全。②数据访问风险，对数据的访问所带来的风险。数据访问有这些基本操作：读取数据、解密数据、加密数据、删除数据和备份数据。这些操作都会带来风险。③数据的可用性及数据恢复风险。云中数据会受到自然和人为的威胁，比如黑客攻击、洪水等。④数据的完整性风险。对于恶意攻击与病毒感染，主要防护存储数据和传输数据的完整性。⑤数据保密性风险。存储数据的保密性、传输数据的保密性、控制数据的保密性遭受破坏带来的风险。⑥数据残留风险。不彻底删除数据和硬盘设备维修和报废都能导致机密数据泄露，引起安全问题。⑦用户隐私风险，指用户身份相关的关键数据，如用户口令、姓名、银行账号等泄露带来的风险。

在访问数据的过程中，用户需要对数据进行一系列的操作才能完全得到想要的数据，如图 7-10 所示，用户提取数据、使用数据到存储数据这个过程中，数据将受到这几方面的威胁：读取数据的风险、加密数据的风险、解密数据的风险、删除数据的风险、备份数据的风险。

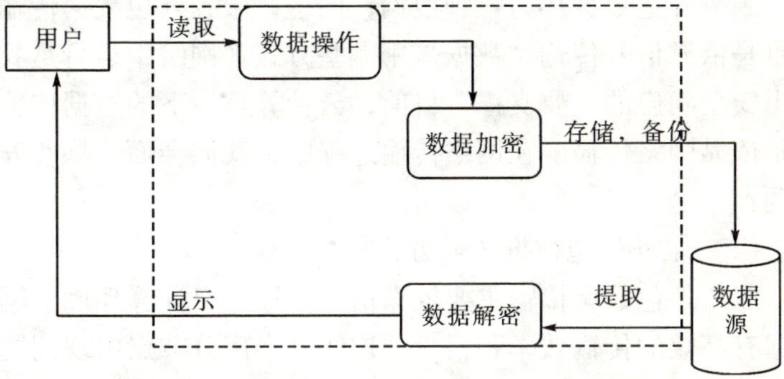

图 7-10　数据访问安全分析

①读取数据带来的风险。数据读取安全有在不知的情况下被偷看的风险（即人为风险），和在终端留下痕迹让别人有迹可循、被盗的风险。

②加密数据带来的风险。数据加密有很多种算法，因为算法的不一致性或者算法泄露都会对数据安全造成危险。

③解密数据带来的风险。数据解密可能造成密钥泄漏，被有机可乘，造成安全问题，或者解密过程中数据被破坏。

④删除数据带来的风险。如果删除数据不彻底，别有用心的人通过恢复技术可以恢复数据，达到盗用数据的目的。或者删除了机密数据，又不能恢复。删除数据可能会不自觉地影响到数据源里的数据内容，因此在删除数据的时候一定要注意。

⑤备份数据带来的风险。很多情况下，数据备份是必须的，但有的数据不能随便备份，比如国家机密、商业机密，这

些都是不能随意外传的。备份时不注意安全都可能造成机密泄露，引发安全问题。

7.3.3 服务外包数据传输的安全分析

用户通过网络完成与服务商之间的数据传输，因此网络安全威胁也是数据传输安全的一部分。数据传输主要依靠信号传输，服务外包数据作为一种数据，同理，服务外包数据传输方式也是依靠信号传输。数据采用哪些方式在网络中运行是我们找出安全隐患的重要支撑。目前，云计算环境下的数据传输主要是依靠网络传输。在网络传输过程中，我们会面临哪些安全问题?

（1）服务外包数据传输方式分析

服务外包数据传输主要依靠信号传输。云计算环境下网络数据有高效的传输效率和很少的连线，当部分节点出现问题仍能完成数据传送，这可以成为自愈能力。计算机网络的发展为云计算提供了数据传输基础。数据传输方式有四种：一是基带和频带传输；二是通信路线连接方式；三是线路通信方式；四是同步传输与异步传输。

基带传输是在信道中直接传送基带信号。通过对信号的调制，把信号变成可以在电话网络中传输的模拟信号，到达端口时再还原回来，这就是频带传输。宽带传输就是由频带传输发展而来。目前国家传输网络数据基本上是使用宽带传输，宽带传输的大小为 0~400Mb/s，通常使用的传输速率是 5~10Mb/s。

通信线路连接方式有两种，一种是点对点连接，另一种是分支链接。点对点即是主计算机与用户终端直接连接和主计算机与主计算机直接连接。分支式连接有集中式和非集中式，有一条线路连接两个以上端点构成通信的方式。目前我们一般不采用这两种连接方式。

外包数据在通信线路上传输是有方向的，根据数据在传输过程中的方向和特点，线路通信方式可分为五种：单工通信、半双工通信、全双工通信、并行数据传输和串行数据传输。目前使用最多的就是全双工通信。并行数据和穿行数据的传输方式是不一样的，并行数据成本很高，目前一般不使用；而串行数据成本低，大多数网络都是采用的串行，但速度慢。

同步传输采用的是按位的同步技术。同步传输由数据时钟控制数据的传输，没有开始位和结束位。同步传输的要求很高，成本也很高，以后会采用这种传输方式。异步传输是一种很常用的传输方式。异步传输在发送字符时，发送端任意发送，接受端必须得随时准备接受。异步传输的优点就是通信设备简单、便宜，但传输效率较低。目前我国大多数网民用网络都采用的是异步传输方式。

（2）服务外包数据传输安全分析

云计算服务外包数据通过网络传输数据，云用户通过网络连接云服务系统，访问数据。因此传统网络上的安全威胁也存在于云存储系统上，数据传输安全受到以下几方面的威胁。

①能直接或间接威胁网络安全的自然灾害，能影响数据的传输和交换。比如说数据传输过程突然没电了，那么数据不能完全传输，有可能破坏数据结构造成数据无法使用。自然威胁只能做日常维护和时时监测来防范和进行数据备份处理。

②非授权访问指具有一定的计算机编程操作能力，并且能熟练地使用一些技巧来获得一些非法和未授权的操作权限侵入他人的网络，达到某种目的或以这个网络作为跳板取得更高一级的访问权，窃取机密和破坏数据。

③从计算机被入侵开始，后门被黑客用来作为一种再次进入某个系统或计算机的不被限制的技术。木马程序就是其中一种典型的方式。现在的木马程序可以不依附在文件上也可以存在，可以通过木马程序控制对方计算机达到某种目的或破坏曝

光数据。

④计算机病毒通常只具有一定破坏力的能够无限制地复制的程序或代码，这类代码能够在计算机里面破坏计算机系统和硬件设施。这些病毒能通过计算机对计算机造成破坏和通过网络发起网络攻击，引起网络受限。

7.3.4 外包数据安全插件的设计

服务外包数据安全分析决定了安全插件设计内容，笔者对数据安全有一定的了解和分析，从这两个方面对插件进行设计：①插件功能。插件功能是安全插件设计运行的方向，一切围绕实现这些功能来设计。②插件设计。插件设计包含了三个部分：安全模型设计、插件架构设计、插件显示设计。

（1）插件功能分析

如图 7-11 所示，插件功能如下：

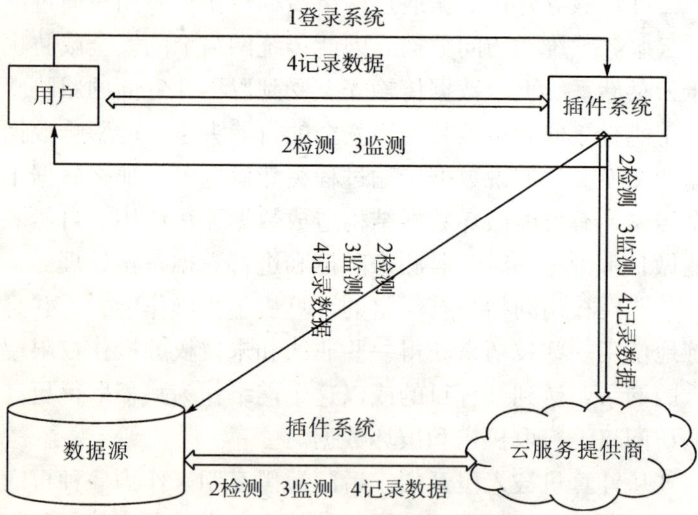

图 7-11 插件功能分析图

①登录功能。只有使用此插件登陆才能使用云服务提供的数据外包服务。数据外包对数据的安全性要求极高，数据安全是否得到解决是整个云计算能否继续向好发展的一个关键。那么既然是服务，就需要有专业的端口进行服务，而不是任意的不负责任的随意使用，我们要对自己的数据负责。

②检测功能。插件必须具有检测功能。基本上每个插件都有这个功能，当然不同的插件对检测的功能要求不一样。比如说 u 盾，这是银行使用的高级安全插件，这就要求安全性极高，需要检测网络环境安全。

③监测功能。我们需要监测用户和服务提供商的权限，一旦发现问题好及时做出正确的判断。

④记录功能。有时候我们可能会忘掉一些自己做过的事情，引起不必要的麻烦，那么我们就需要一个数据记录功能。当然，这项功能不能记录完全的数据，只是记录一点数据的关键词或主题，避免因为这个出现数据泄露的问题。

⑤设置防火墙功能。服务提供商和用户双方都拥有防火墙，防止非用户盗用或占用数据和网络。

⑥只有安装了此插件的用户才能使用数据⑥，保证数据提供商不随意提供数据，影响数据安全。

⑦检测数据是否正常传输。如果数据出现异常或数据不按照规定的方式进行传输，我们就要注意是否出现问题，及时解决。

（2）插件设计

设计成一个系统模型和硬件基础，这个可以考虑其中的前一种方式或两者结合，做成一个双向验证的方法，类似银行 u 盾系统。

安全模式设计

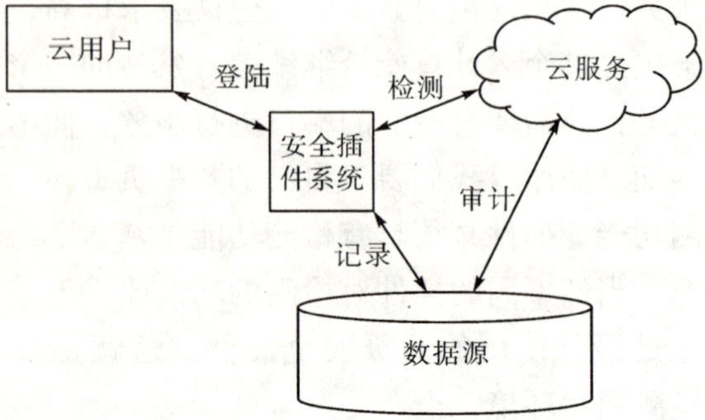

图 7-12　安全插件模式图

如图 7-12 所示，服务外包数据安全插件系统，可以检测三方的安全性。

用户安全包含了用户权限安全、计算机安全和网络环境安全。用户权限安全就是检测用户的使用权限是否正常、对数据的使用权限是否完整。计算机安全就是可以检测用户计算机是否被安装了木马，是否受病毒威胁。网络安全就是网络的连通性是否正常、网络传输是否异常、是否存在网络病毒等很多安全问题。

服务商安全包含权限安全、系统安全。服务商权限安全就是服务提供商对数据的监测和是否拥有使用数据的权限。系统安全就是服务商的服务系统是否正常。

监测数据存储安全。记录数据使用记录，分析是否存在不明来源的数据调用和修改。保证数据源的安全，对数据安全威胁及时做出判断和防御。

插件架构设计

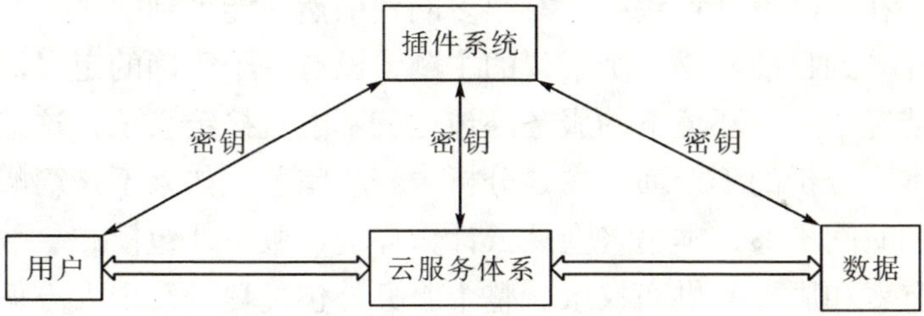

图 7-13　插件架构

整个插件系统完全实现，可能需要两部分组成。一部分是核心系统，这部分内容是整个插件能否实现的关键。在设计此插件时要考虑很多因素，包括整个网络环境、服务提供商、法律、隐私等很多问题。这个插件能否实现，离不开众多因素的支持。另外一部分就是安全密钥，这个是保证使用者权限的根本。如图 7-13 所示：通过密钥连接插件系统，并用插件系统监测整过过程的数据安全。

对外显示设置就是插件系统一个外在形象。需要插件设计成更方便使用的样式，所以对于插件显示设计需要考虑的内容很多，比如说：我们需要直观地了解什么，如有那些人使用了那些数据；做成一个表单形式，那么这个表单可以给那些人看，或者全部都可以看，这都是需要做详细的分析的。

综上所述，服务外包数据安全可以从以下几方面入手。一是数据存储安全。这也是数据拥有者把数据外包给服务提供商的一个总要思量。二是数据传输安全。客户把数据外包给服务提供商和客户在调用数据的时候都要考虑数据的传输安全，也就是网络安全。三是数据访问安全。若客户能访问自己外包的数据，那么是否有其他使用者也能访问此数据。这些都是服务外包数据必须解决的问题。本书通过从这几方面入手，设计可以监测这几方面安全问题的插件来提高外包数据的安全，以促进服务外包行业的发展。

在本次设计过程中，有很多问题依然不能得到解决。一是云计算到目前都是一个争议的主题，没有一个明确的定义。在此情况下，云环境下的服务外包也就不能直接定义了，这造成了本次分析的不全面。二是分析内容不完善，如果不是篇幅原因和时间不够，本书将会从云计算环境、服务外包模式、数据拥有者和服务提供商权限、整个服务外包过程等几个大方面进行分析，才能完成一个完善的安全插件系统，这将是下次论文或研究会做的。三是插件系统的设计。在笔者用网银的时候发现，我们是否也需要一个这样的安全系统来保护云计算环境下服务外包数据的安全？四是服务外包数据安全这个需要具体问题具体分析，有的数据安全性要求高，有的数据可以直接共享，这些数据都是需要区分对待的。这些问题将是以后研究的方向和重点。未来服务外包行业要发展，必须把数据安全做好，这些都需要法律、法规来约束和一个专门的安全插件系统来监测和预防数据安全问题。随着外包行业的发展，安全插件系统的出现将改变整个服务外包市场。

参考文献

[1] Bruce Schneier. 应用密码学 [M]. 吴世忠，祝世雄，张文政，等，译. 北京：机械工业出版社，2000.

[2] John Paul Muller. .NET 开发安全解决方案应用编程 [M]. 魏海萍，倪健，黄玮，等，译. 北京：电子工业出版社，2004.

[3] Jeffrey Richter. .NET 框架程序设计 [M]. 修订版. 李建忠，译. 北京：清华大学出版社，2003.

[4] 段钢 . 加密与解密 [M]. 第二版. 北京：电子工业出版社，2003.

[5] 吴德本. 云计算综述 [J]. 有线电视技术计算机应

用，2012（3）.

［6］李志群，朱晓明．中国服务外包发展报告（2007）［M］．上海：上海交通大学出版社，2007.

［7］科斯，哈特，斯蒂格利茨，等．契约经济学［M］．李凤圣，译．北京：经济科学出版社，1999.

［8］郁德强，王燕妮，李华．一种基于云计算的服务外包模式：云外包［J］．情报理论与实践，2012.

［9］刘建毅，王枞，薛向东．云存储安全分析［J］．中兴通讯技术，2012.

［10］王德政，申山宏，周宁宁．云计算环境下的数据存储［J］．计算机技术与发展，2011，21（4）.

［11］拓守恒．云计算与云数据存储技术研究［J］．电脑开发与应用，2010，23（9）.

［12］吴溥峰，张玉清．数据库安全综述［J］．计算机工程，2006，32（12）.

［13］Inmon W. H. Building the Data Warehourse［M］．王志海，译．北京：机械工业出版社，2000.

［14］王子高，马艳锋．数据仓库安全模型分析［J］．微型机与应用，2004（1）.

［15］任伟．无线网络安全问题初探［J］．理论研究，2012（01）.

［16］袁剑锋．计算机网络安全问题及其防范措施［J］．中国科技信息，2006（15）.

［17］张文科，刘桂芬．云计算数据安全和隐私保护研究［J］．信息安全与通信保密，2012.

［18］王洁萍，李海波，宋杰，杜宇建．云数据存储和管理标准化研究［J］．信息技术与标准化，2011（09）.

［19］梁彪，曹宇佶，秦中元，张群芳．云计算下的数据存储安全可证明性综述［J］．计算机应用研究，2012.

［20］胡刚林，陶敏龙. 云计算环境下数据访问安全性研究［J］. 邵阳学院学报（自然科学版），2011.

［21］MELL P，GRANCE T. The NIST Definition of Cloud Computing［R］. National Institute of Standards and Technology，2011.

［22］佚名. Cloud Computing［EB/OL］. http：//en. wikipedia. org/wiki/Cloud_ computing.

［23］佚名. 智慧的地球——IBM 动态基础架构白皮书［EB/OL］. http：//www. ibm. com/.

［24］佚名. Above the Clouds：A Berkeley View of Cloud Computing［EB/OL］. http：//www. eecs. berkeley. edu/Pubs/TechRpts/2009/EECS-2009-28. html.

［25］BuyyaRajkumar，CheeShinYeo，SrikumarVenugopal. Market-oriented Cloud Computing：Vision，Hype and Reality for Delivering IT Servicesas Computing Utilities［C］//Proc of the 10th IEEE International Conference on High Performance Computing and Communications，2008.

［26］陈国良，孙广中，徐云. 并行计算的一体化研究现状与发展趋势［J］. 科学通报，2009，54（8）.

［27］司品超，董超群，吴利，张超容. 云计算：概念，现状及关键技术［C］//2008 年全国高性能计算学术年会论文集，2008.

［28］佚名. 2009 中国云计算发展状况白皮书［J］. 计世资讯，2009.

［29］佚名. Open Cloud Manifesto［EB/OL］. http：//www. opencloudmanifesto. org.

第 8 章

移动支付安全

8.1 基于 WPKI 的移动支付安全

随着移动电话、平板电脑等无线终端设备的逐渐普及以及无线网络的发展和进步，电子商务开始进入移动电子商务时代，移动电子商务已成为一个重要的电子商务模式。消费者可以不受时间和地点的约束，使用手机、平板电脑和其他无线设备，在互联网上进行银行账户管理、购物和其他交易活动。支付方式随着科技的进步也发生了变化，移动支付开始慢慢出现在公众面前。移动支付具有方便快捷的特点，几乎不受时间和空间的约束，在网络可用的前提下，用户只要有一部移动电子设备，就可以进行线上交易或者其他理财活动，用户可以因此而享受到移动支付为其带来的便利。

然而，新事物在发展过程中总会产生一些问题。移动支付的市场规模虽然在不断扩大，但这过程并非一帆风顺，因为信息在无线网络的传输过程中，可能会有一些风险产生，越来越多的安全问题需要移动支付系统去解决和完善。虽然移动支付业务在不断地改进并得到广泛应用，但移动支付的安全问题已然成为制约其继续发展的瓶颈。从 2013 年年初到 2014 年年初，移动支付业务遭受到越来越多的恶意攻击，受害者损失比过去多很多，移动支付的安全性已经成为其发展过程中面临的最大问题。

怎样解决移动支付的安全问题，提供一个安全性高、效能好的电子商务平台？这个问题成为移动电子商务基础设施的重要组成部分，并成为公众关注的焦点。利用公共密钥基础设施可以有效地解决风险问题，WPKI（公开密钥体系）就是为了满足无线通信的安全需求，根据无线网络环境的特点，在有线 PKI 基础上进行优化发展而来的。WPKI 能够有效地对移动电子商务进行密钥管理和加密，让移动支付变得更安全、更便捷。本章提出了基于 WPKI 的移动支付平台来确保支付的安全性，通过对 WPKI 系统架构的分析，发现 WPKI 技术所提供的服务能够保障移动支付具有较好的安全性，可以解决一些潜在的安全问题，打造一个安全可靠的移动支付平台。

8.1.1 移动支付现状分析

移动支付是消费者在网络环境下利用手机、平板电脑等设备对自己所需的服务或产品进行在线支付的一种支付方式。移动支付以网络和移动电子设备为主要支撑，支付资金主要来自银行卡账户。

移动支付业务在发达国家，尤其是日本、韩国等国家都得到了大规模的应用，而在中国其目前则是高速发展和推广阶段。2008 年，中国移动支付用户只有 2 829 万人，经过六年的发展，2013 年我国的第三方移动支付用户数已达到了 1.36 亿，如图 8-1 所示。

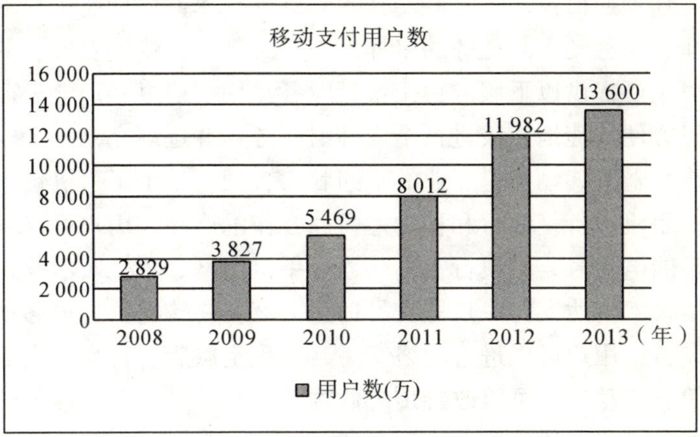

图 8-1　移动支付用户发展图

随着智能手机的不断普及，人们越来越多地使用移动支付业务，近几年移动支付交易额呈现快速增长。2008 年，我国第三方移动支付市场规模约为 242 亿元，到 2013 年，移动支付市场规模已经超过 3 000 亿元，预计未来仍会持续增长，如此大的交易额，需要强有力的技术保障其安全，如图 8-2 所示。

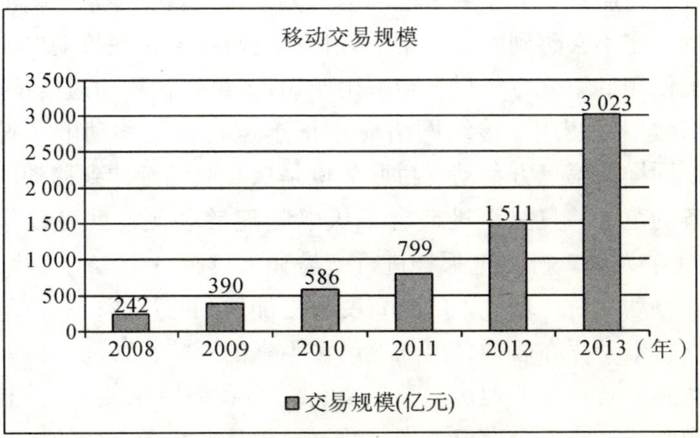

图 8-2　移动交易额发展图

移动通信技术、互联网技术和其他技术共同创建了移动支付业务，移动支付业务的多样性服务推动了其快速发展。移动支付主要提供以下服务：①银行业务。用户通过移动电子商务可以方便快捷地在线进行个人理财服务，并逐渐完善网上银行系统。随着移动支付产业的不断壮大，银行推出了手机银行业务，手机银行是银行和移动运营商合作的产品，用户可以绑定自己的电话号码和银行卡号，通过手机上网、手机短信等移动通信技术传达支付账户等交易信息。②交易购物。通过移动通信设备，用户可以进行网络交易，如预定旅店、食品、生活用品等。移动支付可以改善传统购物方式。移动运营商推出的手机钱包，可以让用户预先存储手机话费，再用话费进行消费，移动运营商将为用户提供付款账户，用户需要提前为该账户存入费用，否则不能进行消费，用户也可以通过手机卡直接用手机话费支付交易费用。用户可以使用具有支付功能的移动电子设备在商场进行购物，通过手机钱包可以轻松购买电影票、景点门票和团购服务，但其消费额是有限的，使用者的消费额不能超出预存的费用，所以，手机钱包不适用于大额消费。③第三方支付服务。对于网络上的第三方支付平台，经常网购的消费者一定不会感到陌生。第三方移动支付服务是在移动电子设备上使用的第三方支付平台。由于3G（第三代移动通信技术）网络被广泛使用，传统网络应用正迅速转移到移动电子设备上，同样，第三方移动支付服务也是从互联网延伸到移动电子设备的范例，只要手机或者平板电脑能够联网，就可以像在PC（个人计算机）上那样进行交易和支付。

移动支付让现代人的消费变得更加便利与快捷，但由于移动支付本身存在瓶颈，再加上诸多因素的影响，移动支付并没有达到尽善尽美的地步，移动支付在为我们带来便利的同时，也隐藏了许多安全隐患。相关数据显示，对移动支付的安全性缺乏信任的国内消费者达到40%，拒绝通过移动网络发送自己的信用卡信息的手机用户多达 65%，而完全信任移动支付的手机用户不足 15%。制约移动支付业务发展的主要因素就是其安全问题。许多用户不仅担心个人财产的安全问题，同样还担心用户个人资料的泄露问题。

一般手机加密技术较弱，在支付过程中数据的保密性和安全性得不到保障，这将严重影响移动支付业务的发展，通过黑客的钓鱼网站或者木马病毒等手段，用户信息可能会被窃取，从而危害用户的个人信息安全。移动设备可能会丢失和被盗，而往往移动设备又会跟银行卡相绑定。这意味着其他人将看到电话中的数字证书等重要文件，移动设备的持有人可能访问内部网络和文件系统，并进行移动支付。

参与支付业务各方的身份识别也是移动支付亟需解决的问题，如消费者和企业合法身份的确认。目前，我国法律对于用户隐私保护、身份认证等安全问题并没有完全规范化，需要有关部门进一步完善。

为了进一步加强信用体系，可以将小额支付业务与手机话费进行绑定，但是手机话费可能会欠费，导致用户无法进行移动支付活动，所以移动运营商应促进电话号码实名制管理。

移动支付业务是在无线网络环境下进行的。无线网络是一个开放的环境，它可以为用户带来便利和自由，但同时也产生了一些不安全的因素，如用户的合法身份被窃取、通信的内容被窃听、数据的完整性被破坏、互联网漫游被威胁、无线通信标准被攻击、交易双方的身份被伪造和通信内容被篡改等。

商户、银行、认证中心、移动支付服务提供商、用户以及其他元素共同构成了移动支付系统，移动支付系统的产业链如图 8-3 所示。此外，移动网络服务商、移动网络运营商、信用卡服务及其他机构也会与该系统产生业务。移动支付产业链是复杂而庞大的，安全问题不仅只关系到其技术本身的安全，还要考虑到在与其他系统进行信息传递时是否能确保安全。

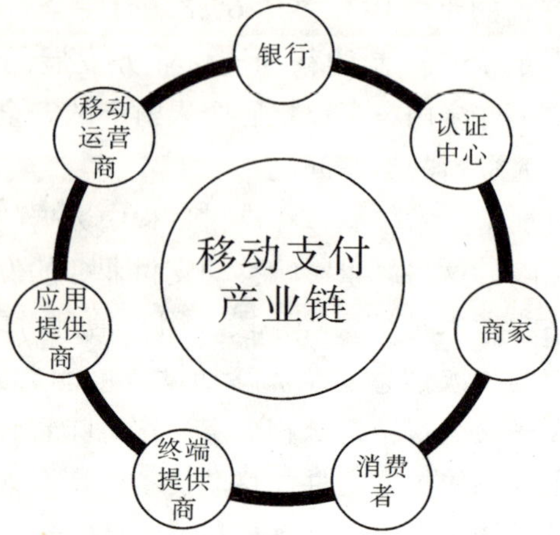

图 8-3　移动支付系统产业链

8.1.2　WPKI 组成分析

PKI 是具有一定标准的密钥管理平台，是为网络应用提供数字签名和加密等服务及所需证书和密钥的管理系统。它包含服务、标准和协议，用来支持公共密钥加密的程序，也用来管理、产生、存储和撤销公钥证书。

WPKI 即无线公钥基础设施，是传统的 PKI 技术在无线环境中的扩展，它将互联网电子商务的 PKI 安全模式引入到无线网络环境中。WPKI 也是遵循一定标准的证书和密钥的管理系统，在移动网络环境下，用于管理数字证书和公钥的使用，为构造安全可靠的无线网络环境创造条件。

(1) WPKI 的构造

WPKI 结构类似 PKI 系统，一般 WPKI 由以下几部分构成：WPKI 客户端、注册机构 RA、认证机构 CA、证书数据库和应用程序接口等。WPKI 主要围绕这些系统进行构建。

作为 WPKI 的核心部分，认证机构 CA 是负责发放和管理数字证书的第三方信任机构。在移动交易过程中，CA 是受信任的第三方，主要负责检验公钥体系合法与否，同时对数字证书进行验证和发放，并规定证书的有效期，发布证书吊销列表。

为了确认用户身份，需要制定具体的实施步骤，还要对用户证书进行签名，从而验证公钥的所有权和证书持有者的身份，公钥的使用者会得到认证中心为其颁发的一个数字证书，数字证书可以证明证书中的公钥被证书中的用户合法拥有。CA 认证机构的数字签名使证书得到保护，从而避免被攻击者篡改和伪造。

注册机构 RA 是 CA 功能的一部分，RA 为认证机构 CA 和用户之间提供联系。RA 在认证机构中作为验证者，在给申请者发送数字证书之前，会对证书进行验证。但是，签发证书的私钥只能在认证机构 CA 中，RA 不可以包含私钥。

数字证书库就是一个公共信息库，其中存储着已经签发的公钥和数字证书。用户可以在数字证书库中获取需要的数字证书和公钥。当用户申请数字证书后，数字证书库就会有其相应的信息。所以在交易过程中，其他用户通过对数字证书库的访问，可以在库中查看是否有相应的证书，从而验证对方的真实性、合法性，如果存在相应证书，则说明是有效的。由于数字证书库具有独特性和权威性，从而确保了数字证书的完整性和安全性，防止证书被篡改和伪造。

应用接口系统是 WPKI 所必不可缺的组成成分，在整个电子商务交易的过程中，用户需要做很多安全措施，例如加密、数字签名等。WPKI 通过应用接口系统能与各应用安全可信地进行交互，从而确保无线网络下的交易安全。

丢失解密密钥的用户可以通过密钥备份及恢复系统寻找丢失的数据。为了防止用户丢失密钥造成不便，WPKI 提供了密钥备份及恢复系统。只有可信的专门机构才能为密钥进行备份和还原，但只适用于解密密钥，用户的签名私钥不能备份，一旦丢失就无法恢复，该证书只能宣布失效。

证书作废系统是 WPKI 必不可少的组成部分。如同日常生活中的很多证件都会失效那样，即使在有效期内，证书也可能会作废。由于用户身份更改或私钥遗失等原因，导致原本有效的数字证书不能再进行使用，发生这种情况时，应停止使用该证书，证书作废。

（2）WPKI 技术原理

PKI 技术以公钥技术和理论作为根本，它可以为信息提供安全服务，作为一种安全认证机制，它在互联网电子商务安全方面有非常重要的作用，它可以在开放的网络环境下，利用现代密码学的公钥技术，为数字签名以及数字加密提供统一的技术框架。现今应用范围最广泛的加密方式就是公钥体制，在这个系统中，解密和加密的密钥并不相同，利用接受者的公钥，发送者可以发送加密信息，接受者再利用自己的私钥进行解密。通过这种方式既能保障信息具有不可抵赖性，又能保障信息不被泄露。由于 WPKI 是在无线网络环境下优化传统的 PKI 技术扩展而来的，因此与 PKI 一样，WPKI 也采用了证书管理公钥，因为 CA 认证机构是可信任的第三方认证机构，所以由 CA 进行身份验证，以确保信息传输的安全，如图 8-4 所示。目前，WPKI 系统被广泛应用于密钥交换、CA 认证和数字签名等领域。

虽然 WPKI 与 PKI 系统有许多相似之处，但是两者依然存在不同。主要的区别在于 WPKI 与 PKI 证书的验证和加密算法，WPKI 采用优化的 ECC 椭圆曲线加密和压缩的 X.509 数字证书。一般而言普通密码体制计算量越大，复杂性也越高。较长的安全密钥和复杂的加密算法，可以提高加密的安全性，但是其计算时间也就越长，ECC 使用较短的密钥就可以达到较好的加密效果。运算量小、加密强度高的公钥密码体制对于数

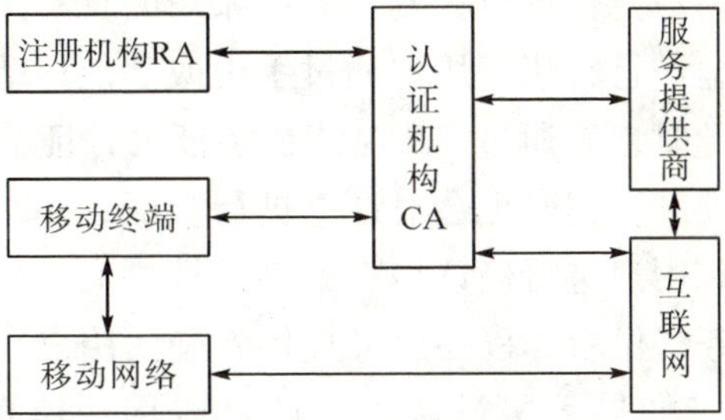

图 8-4 WPKI 安全体系框图

字签名的实现是至关重要的，ECC 在这方面具有很大的优势。

8.1.3 WPKI 在移动支付安全方面的实现

在科技时代，黑客不断提高自身技能，无线网络也处于高速发展阶段，普通账号密码验证方式已不能为支付安全提供强有力的保障。同时一些安全性很高的认证方式，如 USB Key 认证、生物特征认证等，需要硬件支持，并不适用移动支付系统。为了保证移动支付的安全性，往往需要可信赖的第三方来实现身份的认证，例如可以采用 WPKI 技术。

（1）WPKI 的工作流程

如何实现安全实时的支付是移动电子商务的技术核心，用户通过移动终端可以查看网络内容，从而购买自己比较满意的服务或商品，用户信息在支付过程中会进行交互，WPKI 系统可以确保信息在交互过程中不被泄露。通过 ECC 椭圆曲线加密算法进行信息传递，第三方认证中心进行信息认证，可以防止用户信息被盗窃和被利用来欺诈用户。

在无线网络环境下，商家服务器提供支付平台分布式接口，同时提供超文本传输服务，用户可以通过该服务浏览和定购商品。移动支付平台提供安全的应用接口，可以将用户银行账号与手机号码进行绑定。移动支付系统的安全是基于 WPKI

的，需要对用户身份进行识别并验证账户的真实性，可以安全快捷地对资金进行转账。用户通过手机或其他移动设备想要购买产品或服务时，先通过 RA 申请数字证书，证书中心会向用户发送数字证书，同时也会对证书进行验证，并对用户进行确认，对证书和用户进行确认后，证书认证中心 CA 会将确认结果发送给服务提供者，以便服务提供者确认用户真实身份，如图 8-5 所示。如果无法辨认用户信息或用户信息不真实时，就不会为其提供支付服务；如果确认用户真实，则为其提供支付服务，从而确保在无线网络环境下用户能够安全地进行支付。由于 WPKI 系统采用了 ECC 椭圆加密算法来对信息进行加密传输，所以能够保障信息在交互传递的过程中不被非法用户监听或窃取。

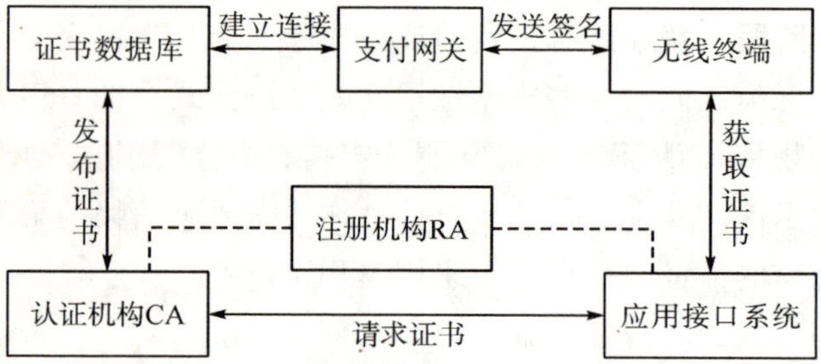

图 8-5　WPKI 工作流程图

（2）WPKI 在移动支付方面的应用

公钥密码算法是 WPKI 的基础，结合摘要算法、对称密码算法，通过数字证书、数字签名等技术来确保数据在网络传输中不被破坏和泄露，并对用户身份进行识别。WPKI 作为一种安全有效的工具，为外联网、互联网和互联网网络环境之间信息交换提供信任基础。WPKI 通过自动管理证书和密钥，为用户创造一个安全的网络运行环境，使用户可以在多种应用中方便地使用数字签名和加密技术，从而确保移动支付的安全性。

WPKI应用系统应具有以下基本功能：保障数据传输的机密性、对用户身份进行识别和认证、发送信息的不可否认性和信任关系的建立。

WPKI是在公共密钥理论的基础上建立的，私钥和公钥配合使用可以保证数据传输的机密性，WPKI的一个主要功能就是确保数据在传输过程中不被泄露。数据传输过程中数据经过加密，使非授权者不能读出或看懂该数据。数据的发出者希望接受者能够安全地接收到他所发出的数据，并且只有接收者拥有查看该数据的权限。数据的发出者首先利用接收者的公钥将其数据加密，然后将密文发送给接收者，接收者接收到数据后，利用其私钥将数据解密，恢复为明文。即便数据被非法截取，因为没有接收者的密钥，截取的数据也无法解密，从而对数据安全起到一定的保护作用。

在数据传输过程中，通过接收方的私钥解密可以保证数据不被泄露，通过发送者的私钥加密来认证发送方的身份。在验证过程中，双方都有由第三方认证机构CA签发的证书。首先确认认证机构CA颁发的证书是否有效，然后检查该证书是否已被作废列入黑名单，同时检测证书是否在有效期内。无线终端的公钥可以从CA认证中心获取，通过证书上的公钥可以验证数字签名是否正确，运用这种方法可以验证身份的正确性，从而判断是否建立通信。

WPKI可以确保信息拥有唯一的发送者，即不可否认性。WPKI系统不可否认性的模式类似于完整性模式，发送者先用私钥制造一个数字签名，然后将其与信息一起发送给接收者，接收者再用发送者的公钥验证数字签名。一般来说，只有发送者拥有该私钥和该数字签名，只要数字签名通过了验证，发送者就不能否认发送过该信息。由于数字签名是针对整个报文的，是代表报文特征的一组特殊代码，所以接受者更改数据会受到限制，同时也避免了发送者逃避责任。

在电子商务环境下，消费者与企业之间电子商务活动的安全问题是极其重要的，面对虚拟的、复杂的网络环境，交易双方需要建立互信的、有效的机制，来确保交易的安全性，提高电子商务活动的效率，而 WPKI 技术可以在无线互联网环境下建立公平互信的安全交易平台。

（3） WPKI 安全系统分析

WPKI 的安全系统分析分为以下几个方面：

①密钥生成。移动终端产生签名公钥，注册机构产生加密密钥，加密密钥也可以由用户产生，用户需要将加密密钥和签名公钥发送到注册机构。

②证书申请。用户向注册机构提交证书申请，注册机构进行审核，审核合格后向认证机构提交证书颁发申请，认证机构将证书通过应用接口传送到移动终端，同时证书被储存到证书数据库中，以便用户查阅。

③证书验证。用户的证书被注册机构保存，每份证书会产生相应的证书地址，该地址被发送到移动终端。移动终端向支付网关发送签名及证书地址并建立连接，支付网关与有线网络服务器建立连接，移动终端和有线网络服务器进行信息传递，进行证书的验证，实现安全支付。

④WPKI 的特性分析。WPKI 技术能够缩短移动终端加密时间。WPKI 采用优化的 ECC 椭圆曲线加密和压缩的 X. 509 数字证书，ECC 使用较短的密钥就可以实现理想的加密效果，所以 ECC 可以简化加密处理过程，从而缩短移动终端支付过程的加密时间。WPKI 技术的实现严格遵守既定标准。在移动网络环境中，用 WPKI 来管理公钥和数字证书，能有效地建立一个安全可信的无线网络环境。

8.1.4 WPKI 技术的发展现状及展望

WPKI 技术虽然具有广阔的应用前景，但在技术和应用上仍面临一些问题：无线终端相对于有线终端的资源有限，它的成本相对较高，存储容量少，无线终端设备的处理能力较低，数据处理的难度和长度受到一定限制；通信模式互通不够，无线网络和有线网络的通信模式不同，这就在一定程度上影响了二者之间互通的顺畅性，无线信道资源短缺，带宽成本高、时延长、连接可靠性较低；目前，人们无法足够信任 WPKI 技术，从而制约了其继续推广，导致这一结果的主要原因是相关法律的不健全。现阶段没有任何正式的有关数字签名和认证中心等方面的法律、法规，使其得不到法律的保护。总体来说，就是由于我国关于移动电子商务的法律、法规还不健全，无法充分保障交易安全。

针对 WPKI 技术存在的一些问题，提出以下几点解决方案：

（1）尽量减少证书的数据长度和操作难度。只有当 WPKI 使用的技术方便可靠时，才能吸引更多的人参与到移动支付业务中来。因此，需要提高移动终端的设计，以满足应用的需求。面对这些问题，我们可以在两个方面进行改进：一方面是减少处理证书的难度和证书长度；另一方面是提高无线终端的处理能力。

（2）移动终端设备价格略高，移动终端设备需要降低价格，并且改进其性能，应用内容也有待拓宽。如果移动设备能提供方便可靠的服务，并且功能多样、价格适宜，必定会被大多数消费者所接受，智能移动终端设备的普及，有利于引导更多人利用 WPKI 技术从事移动支付等活动，在一定程度上促进 WPKI 技术的发展。

（3）鉴于移动商务的法律、法规尚不规范，所以需要对其法律、法规进行完善，使其有法可依，增强移动支付的安全性和提高其可信赖度。

WPKI 技术对移动电子商务的安全有着至关重要的作用，

人们不断地研发和完善 WPKI 技术，但是 WPKI 技术会受到一些因素和条件的制约，导致其进展相对滞缓，可能还需要较长时间其才能得到真正的广泛应用。不过随着手机等移动终端设备的推广以及移动电子商务服务的多样化，在无线网络环境下，WPKI 可以为安全交易提供有力保障，其市场应用有很大的发展空间，其技术会不断完善和进步。

通过对 WPKI 系统的构建分析可以看出，运用 WPKI 技术能够维护移动电子商务交易的安全，WPKI 可以为移动支付提供一个有力的安全保障。本书研究的意义在于通过探究 WPKI 技术，对 WPKI 与 PKI 的技术特点进行了对比，演示了 WPKI 的实现流程，分析了 WPKI 技术如何在移动支付过程中确保安全，证明了在解决移动支付安全问题的过程中，WPKI 起着至关重要的作用。

移动支付安全问题的解决，必将带来移动电子商务产业的进一步发展。移动电子商务因其方便快捷的特点，将会带动传统电子商务走向一个崭新的时代，WPKI 应用将因此变得更为重要。

8.2 基于手机 APP 的第三方移动支付平台安全问题

随着网上电子交易这一方式的逐渐推广和应用，移动支付这一快捷有效的支付手段也逐渐为广大用户所熟知并使用。4G 网络的开发，手机功能的不断完善，手机 APP 应用的时刻更新，基于这样的市场背景，移动支付平台的推出也是趋势使然。它可以支持各种移动支付方式，诸如 SMS、IVR、WAP、NFC 等。手机已成为每个个体用户必不可少的移动终端设备。发展至今，手机可以购物，可以上网，可以听音乐，它具备了许多计算机才具有的功能。它以快捷有效、随时随地支付的特点为人熟知，通过将银行卡与手机绑定，在支付时通过通知短信下发即时验证码的方式快速而便捷地完成交易及支付过程，因此其广受好评。它结合了移动电话、手持 POS 机和 RFID（射频识别技术）卡的特点于一身，使用户体验到随时随地随身支付的支付方式，满足了用户对于电子支付的基本欲望和需求。

然而，尽管移动支付解决了电子商务过程中部分支付问题，移动支付过程中的安全性隐患仍不能被我们所忽视。无论是移动终端自身以及应用软件的威胁，或是无线网络的各种潜在威胁，乃至当下的移动支付协议，均给所有移动支付过程带来了无法抹除的阴影。移动支付的身份认证问题一日不除，它的推广和发展就很难一路顺风。

基于此背景，本节通过对交易及支付过程中各个主体的分析找出问题所在并总结出解决方案和应对措施，力求保证移动支付过程的环境安全，为日后移动支付平台的发展微尽薄力。本书也正是基于此背景下，从移动支付概念起步，在阐述了相关的概念后，通过对常用的和基于第三方的移动支付平台运作流程的分析和对比，提出了现阶段移动支付面临的主要问题，并从参与流程的各个主体为切入点进行详细的过程分析，并给出对应的解决方案和应对措施。

8.2.1　手机移动支付及手机移动支付平台概述

手机移动支付特指用户为其消费的商品或享受的服务使用手机这种移动设备来进行支付的一种移动支付方式。单位或个人通过手机联入互联网直接或间接向银行等金融机构发送支付指令来进行款项支付与转移操作，从而实现手机移动支付功能。手机移动支付将手机、网络提供商、平台提供商以及金融机构相融合，为用户提供货币支付、缴费等金融业务。其拥有以下特征：①快捷性：因为移动支付是在手机上进行的，因此只要消费者携带了手机，就可以随时随地按自己意愿进行移动支付，而无需到定点销售或服务处进行支付。②便利性：不同于许多旗舰店与实体店，手机移动支付的交易对象更加广泛，并且更倾向与网上交易，因此在购买商品与享受服务的过程中更容易获得优惠，更易体验到更高品质的交易过程。③数字化：由于手机移动支付是在高度数字化的移动终端上进行，因此数字化是手机移动支付区别与普通支付方式的重要特点。

手机移动支付的实现方式分为远程和近程两种，具体如下：

远程：①基于短信（SMS）；②基于语音通讯（IVR）；③基于无线应用通讯（WAP）；④基于会话初始协议（SIP）；⑤JAVAME 技术（J2ME）。

近程：①基于短距离通讯（NFC）；②基于射频识别（RFID）。

我国的手机移动支付发展起步较晚且主要以小额支付为主。早在 1999 年中国移动就与部分银行、银联合作，在我国南方部分省市开展试点工作。2002 年 6 月中国联通公司推出了第一个“小额支付移动解决方案”的试点系统，它是我国早期手机移动支付发展的雏形。之后的 4~5 年里，我国手机移动支付朝着满足用户消费习性的方向努力发展，凭借着银行卡与手机绑定的方式，在电子商务市场占得了一席之地。其中以第三方支付平台——支付宝最具代表性，它的用户数早在 2010 年就已超过 3 亿。

总体而言，手机移动支付历程经历了以下三个阶段：①手机短信话费支付。早期的移动支付主要通过手机话费支付，而且用户进行的也是一些小额交易，例如下载铃声、发送彩信等。②手机 WAP 消费。此时的移动支付已能够支持用户浏览 WAP 并进行消费，但受制于当时的通信网络技术（2G/3G），移动支付仍处于发展的萌芽时期。（3）远近程交易的开发。这一时期的移动支付已小有规模，用户可以通过移动支付体验远程支付以及近程交易（NFC）等新兴功能。此时支付宝等第三方交易平台开始兴起并迅速发展。

目前我国手机移动支付的市场主体主要有第三方支付平台（支付宝、易付宝、微信、百度钱包）、网络运营商（电信、移动、联通）以及金融机构（银行、银联）。主要技术发展方向是向着 RFID（射频识别技术）、RFC（近场支付）以及 J2ME（JAVAME）技术靠拢。可以预见的是，在历尽短信、WAP 以及远程支付及近端交易 3 个阶段发展后，移动支付方式将在 21 世纪有长远的发展空间和未来。

目前我国移动支付面临的主要问题有以下四点：①用户的传统消费习性难以改变；②许多技术问题仍未解决；③用户个人信息和交易信息安全得不到保证；④移动支付法律、法规并未形成一个成熟有效的监督体系，有待完善。

手机移动支付平台即指为用户在手机上与商家进行移动支付的过程提供平台的第三方机构，它们大多与银行等金融机构签约，有一定的经济实力与信誉保障，如目前国内最具知名度的支付宝、财付通和微信支付等。

手机移动支付平台主要由三个模块组成：即前端管理模块、中端支付管理模块和后端信息管理模块。其中前端管理模块包括了接入网关、网络运营商管理和用户管理，中端支付管理模块包括了支付网关、商家管理和合作银行、银联管理，后端信息管理模块包括了信息转发和信息下载板块。细分之下，手机移动支付平台管理又可分为以下五个模块：①用户管理：根据不同用户所属类别的不同，如学生、企业员工等进行管理，在其注册时对其身份进行精确的定位，方便其支付时更快捷地完成操作，并增设信用评级，优化管理界面，保证交易环境的健康。②交易管理：实时记录下客户在平台上进行的每笔订单的交易数据，便于客户记录下在不同商家下的交易记录。在为客户提供了便利的同时，也会平台信息的管理提供了保证。③信息管理：对经过平台转发给用户的通知短信统一记录及管理，即为日后客户进行信息查询提供了保障，也为平台的可信度及安全系数贡献了一份力。其也可用于网络运营商及银行的信息宣传，吸引更多客户注册成为平台的用户。④身份认证：通过通知短信下发验证码的方式对注册成为平台的用户身份进行统一认证，便于支付时与对应绑定银行卡的身份信息确认，简化交易流程，提高交易效率。⑤系统维护：介于现在平台上出现了许多外挂木马、病毒等威胁，在手机 APP 杀毒软件无法彻底满足用户需求的环境下，进行不定时的系统维护的重要性自然不言而喻，它是保障平台稳定运行的必要条件。

8.2.2 手机移动支付流程中面临的安全问题现状

手机移动支付流程面临的安全问题很多，目前的情况如下。

（1）手机信息安全。手机作为发起点，其自身的威胁不可忽视。手机威胁主要为手机的窃取和身份假冒，黑客可能通过非法途径盗取用户的移动终端或手机上的SIM卡，并冒充该被盗用户从而进行相关移动支付流程，并牟取非法利益。严重时甚至会修改、插入或者删除该用户在手机上存储的个人信息和数据，从而破坏手机操作系统数据。

（2）移动网络信息安全。用户在使用手机进行移动支付过程中必然联入无线网络，因此网络风险在所难免。它的主要表现形式为无线网络的窃听，由于无线网络本身具有开放性、公共性特征，以及通知信息等短消息的传输都使用的是明文传输的方式，这就无形中为接口窃听提供了途径和可能性，这是最简易的获取非加密网络信息的途径。黑客可以利用窃听来收集用户的交易信息和私人秘密，详知整个交易过程，甚至破解支付协议中的隐秘资料。

（3）手机移动支付平台信息安全。平台作为支付过程的主体，其安全隐患必然存在。其主要表现为中间人的攻击和多次传送交易信息，黑客在手机移动支付平台上利用技术手段截获交易过程中的相关数据后，可能会盗取并拷贝用户的信息并冒充用户发送虚假信息给网络运营商，从而完全主导用户的交易并加以控制，或者以用户的名义多次发送交易请求至商家，从而实现诈骗，谋取非法利益。

（4）商家信息安全。商家作为支付过程的重要参与方，其信息安全也存在风险，主要表现为商家的交易抵赖和拒绝服务等。在手机移动支付这一手段被普及后，部分无良商家可能会发送劣质或虚假商品给用户，并在用户进行非谨慎付款后对用户的付款指令加以否认，并且在用户提供相应交易数据后对数据来源也予以否认，甚至以用户在平台上的相关信息加以要挟，拒绝提供对应服务等。

8.2.3　手机移动支付安全问题出现的原因分析

手机移动支付安全问题出现的原因分析如下。

（1）基于手机APP的第三方移动支付平台的交易流程分析：①用户接入通信网络后，在确认购买的商品信息无误后，登录第三方支付平台账户，选择手机APP支付方式（如支付宝、微信、财付通等）。②用户输入支付密码，完成付款，并向商家发送支付通知。③商家在确认订单后将支付通知转移至第三方移动支付平台。④平台在成功验证用户的身份后作出应答，并对该用户在平台上的账户余额进行检验，若余额足够则直接完成扣除，若不足则向对应账户绑定的银行卡所在行申请支付。⑤银行在收到信息后，从用户对应的银行账户中扣除交易金额。若银行卡内余额足够，则反馈信息“付款成功”至平台；若卡内余额不足，则反馈“余额不足，付款失败”至平台。⑥若支付成功，平台在收到银行的付款后暂时保管该款项，并向商家和用户反馈信息“付款成功”；若余额不足，则反馈信息“余额不足，付款失败”。⑦商家在收到付款成功的信息通知后向用户发送商品。⑧用户在确认收到商品后向平台反馈信息，并发送可以支付提示。⑨平台将暂时保管的货款转移至商家的账户之中，具体流程如图 8-6 所示：

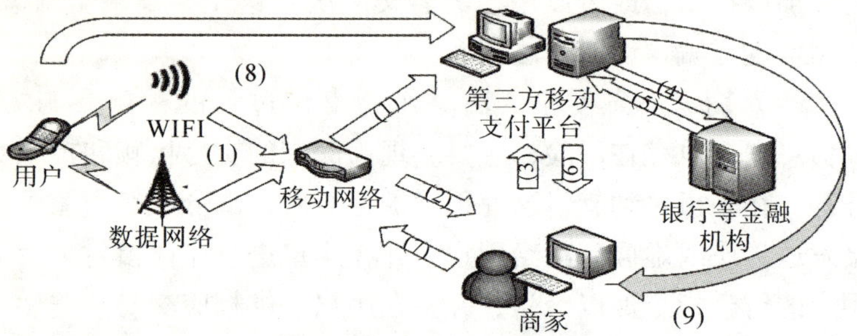

图 8-6　第三方移动支付流程图

（2）手机移动支付存在风险和漏洞。在出现了以上手机移动支付安全问题的背景下，我们不禁要反思，为何会出现这么多安全问题？它们是如何产生的？用户的手机成了归咎原因的重点之一。无论是手机自身的各种风险，还是其内在囊括的应用软件、病毒、木马等，都给手机操作系统的风险加注了分量。在当前用户并未给予足够重视的时代背景下，对手机操作系统进行整治和处理刻不容缓。

①手机自身存在外在因素危机：a. 易遗失性。手机设备体积较于笔记本电脑和台式机而言过于稚小，很容易在公共场所因用户的大意被人剽窃或遗失。当这些设备上存储的信息泄露时，用户的身份信息就会被盗取，从而影响用户的认证过程。b. 参数有限性：手机各项技术参数有限，例如内存、CPU 等并不能同电脑相抗衡，这也从某种角度上降低了设备的加保密效率，更易致使用户的身份信息流失。c. 接口多样

化：介于手机的接入点众多，例如蓝牙、WIFI、红外端口等，因此用户的身份信息可能在各个接入点都出现过，因而在一些公共场所被一些不法分子通过信息在移动网络和有限网络交接处短暂暴露时盗取，从而影响用户的身份认证。

②下载的应用 APP 的威胁。a. 病毒或木马源软件：该类软件通常会以广告窗口或链接的形式在用户缺乏警惕性的背景下自动下载至用户的手机，然后通过侵占内存的形式窃取用户的身份信息，并对用户造成经济损失或信息威胁。b. 游戏软件或社交类软件：用户往往喜欢下载一些社交或游戏类软件以打发闲余时间。该类病毒软件就会趁此时机在没有询问用户的意见下恶意剽窃用户的个人信息，例如账户余额、银行卡号及支付密码等重要信息。c. 尚处于内测中的软件：该类内测软件往往处于开发的测试阶段，却被不良开发商投入使用，并有很大可能携带了木马或病毒，在被好奇心驱使下的用户下载后其会迅速侵占用户的设备空间，并窃取用户的身份信息。

（3）无线网络存在安全问题。当用户使用手机进行无线网络的访问并开展移动支付流程时，由于无线网络本身固有开放性的属性，用户有很大可能性因为无线网络的安全风险而致使移动支付受阻。目前无线网络主要囊括了 WAP（无线应用协议），WLAN（无线局域网）即通常所说的 WIFI，以及 WVPN（无线网络专用网）等三大移动安全基础设施。具体如图 8-7 所示：

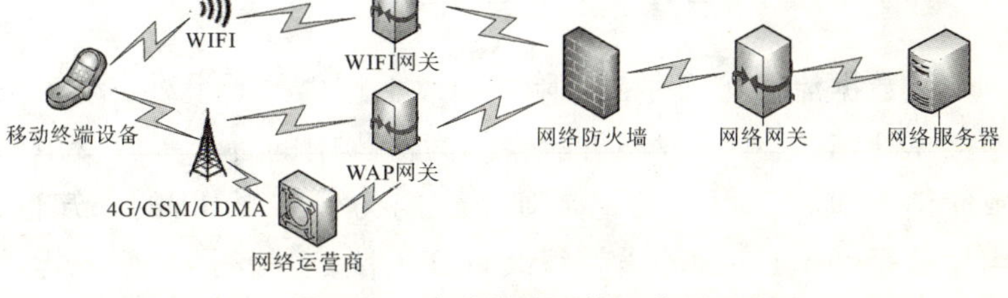

图 8-7 移动终端网络示意图

①WIFI 存在安全隐患。WIFI 是一个创建于 IEEE 802.11 标准的无线局域网络设备，同时由于它的开放性，使其在使用过程中增加了很多的风险。因此以连接 WIFI 方式连入网络的移动支付方式，网络安全就主要依赖 WIFI 技术的可靠性。在当前的时代背景下，IEEE802.11 标准已经具备很多的安全技术，其中包含了物理地址（MAC）过滤、服务区标识符（SSID）匹配、有线对等保密（WEP）、端口访问控制技术（IEEE802.IX）、WPA（Wi - Fi Protected Access）和 IEEE802.11i 等技术。WIFI 的连接过程如图 8-8 所示：

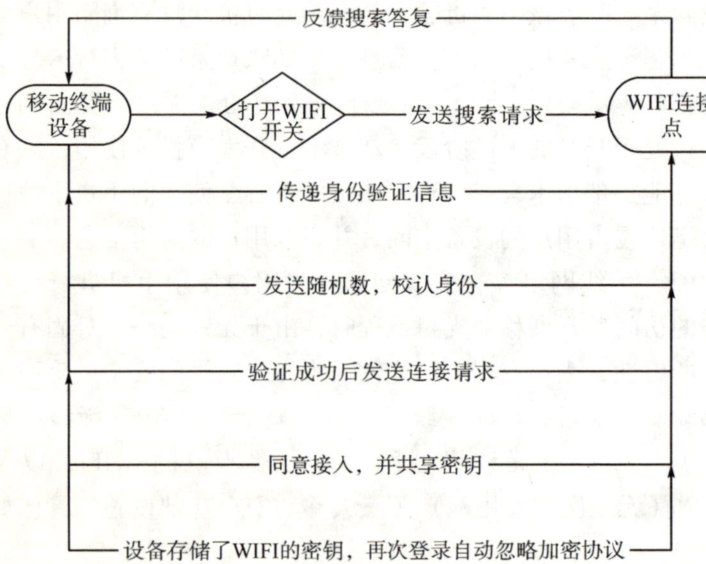

图 8-8　WIFI 连接过程示意图

②数据流量访问存在风险。由以上过程我们不难发现，在连接 WIFI 过程中，我们可能会因为流程中的各个步骤受阻而致使信息泄露。可能的情形如下：因为公共 WIFI 的未知性，用户登录的 WIFI 的性质就很大程度上决定了该用户所承担的

风险大小。用户给连接点发送的身份认证信息如果被某种途径非法窃取并加以利用，就会造成严重的后果。如上文所述的中间人攻击和多次传送信息等都可以由不速之客通过伪造信息并同时对手机和连接点发送而实现。技术性黑客甚至可以通过对无线网络中某一网点的 MAC 地址的获取并改造来实现对用户信息的窃取。如上文所述的拒绝服务也可以通过在盗取了用户信息后逐步实现。正如我们所知的，WAP 作为无线应用协议，可以帮助用户访问各种无线网络，诸如 GSM、CDMA、GPRS、TDMA、4G 等，只要打开 WAP 载体，用户就可以尽情访问无线网络。而在这访问过程中起承接作用的就是 WAP 协议的安全层（WTLS）。它对于 WAP 的意义正如 SSL/TLS 对于有限网络的重要性一样不言而喻。但 WAP 访问的风险止在于此。图 8-9 是用户通过 WAP 方式访问网络的过程示意图。

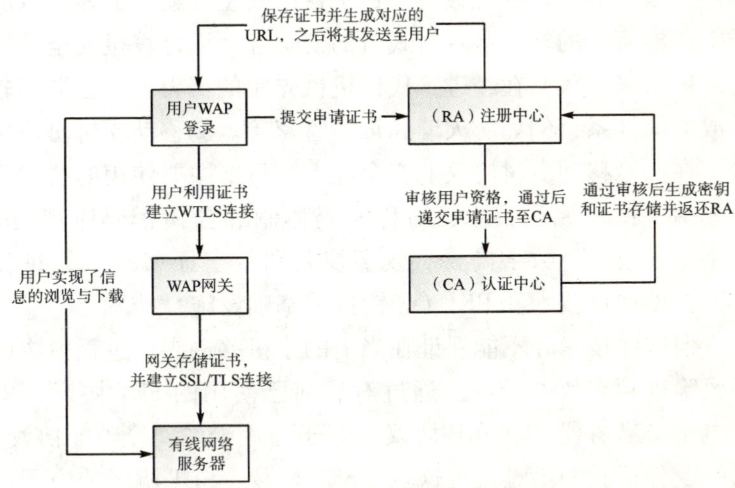

图 8-9　WAP 连接过程示意图

通过以上过程我们不难发现 WAP 网关就是无线网络与有线网络服务器的中介点，而正是这里成为了 WAP 访问的风险所在。因为在该点无线网络和WAP网关之间通过WTLS协议来实现信息传递和共享，但在WAP网关和有线网络之间这份工作被SSL/TLS协议取代，这就必然要求WAP网关将WTLS协议加密过的数据在经过一次解密之后再由SSL/TLS协议进行二次加密，之后再上传至服务器。如此，一次解密之后的数据就会以暂时性的依托明文的形式暴露在WAP网关下，成为网络攻击者进行侵略的突破口。用户的身份认证信息就很有可能因此暴露。

（4）支付过程存在风险。除了手机自身以及无线网络的风险之外，移动支付过程中也有问题亟待解决。一方面是手机移动支付平台（服务器）的问题，另一方面则是移动支付安全协议的改进问题。①手机移动支付平台的安全性。介于手机移动支付平台的主体并不在手机本体，而都是位于以计算机为载体的服务器上，因此移动支付平台的安全性就很大程度取决于服务器所在的笔记本或台式机的安全性。而计算机安全系统的发展历来已久，在经过一代代机械先驱的努力下，已形成较为成熟的体系，例如防火墙和毒霸管家等。②移动支付协议风险。在保障移动支付协议的安全性上，目前主要使用的技术手段囊括了：a. 密码技术：对称密码体制和公钥密码体制；b. 数字证书技术：数字摘要、数字签名和数字证书；c. 认证技术：身份认证技术和PKI（公钥技术基础设施）技术。

但这些技术并不能保证在当下的手机移动支付过程中协议的风险得到有效的控制。通过对目前已使用的SET协议（安全电子交易协议）和iKP协议（基于信用卡的安全电子协议）的问题分析我们不难发现这点。SET协议：SET协议的应用由来已久，它于1997年6月1日被推出，因为启用了身份的验证，并且能够保证交易的4个特性，因此，在当时的移动支付市场被广泛应用。但随着移动支付市场的迅速发展，它的弊端也逐步暴露在用户的视野之下：数据报文信息太过复杂；协议本身结构过于复杂；协议运行速度过慢；协议不能有效保证交易产生的数据安全；协议使用费用昂贵。iKP 协议：同 SET 协议相似，iKP 协议也是为了保障电子交易安全而被创建的。它的问题如下：交易过程需要反复验证参与者签名，致使交易效率骤减；对用户的个人信息安全无法给予保证；至今未能有效处理交付过程中数据的储存和身份认证问题；无法提供用户收货后的凭证。

目前应用的移动支付协议存在以下问题：基于公钥体制的协议适用对象为有线网络，而不是无线网络。无法对交易和支付过程中产生的信息以及用户的个人信息给予有效的保护。协议的执行过程中需要进行大量的计算流程，但无线终端设备的计算能力有限，并不能有效满足需求。认证中心（CA）生成的证书以及公钥的传递大大拖累了交易效率。

8.2.4　对以上安全问题应采取的措施

根据在上一小节中对手机移动支付安全问题的分析，结合手机移动支付当下存在的各类隐患和风险，我们应当在当前的安全机制的基础上提出新的解决方案和应对措施。

（1）手机风险的解决方案。

①自身风险处理。用户应当加强个人信息保护意识，尽量避免手机的丢失、损坏，以免造成信息泄露，如手机的摔坏、进水、失窃等。用户应当为手机设定密码、语音识别或指纹识别等保护措施。密码的设定应当遵循长度适当、复杂程度适中的原则，语音识别应当口齿清楚，并且最好和密码识别一并兼用，指纹识别应当在设定时洗净手指，用力均匀。这样的一些细节能够有效提高移动终端设备使用的安全系数。用户应当规避在手机上存储所有个人的重要信息，即便是临时存储，也应当在使用完信息的价值后即时删除，避免为他人所知并造成不必要的麻烦。用户在不使用蓝牙、无线 WIFI 和红外端口时应

当及时关闭已打开的端口，以免造成信息的无谓泄露。②应用APP风险处理。a. 要保证手机上应用软件的来源合法及安全。用户应该在下载应用时识别该应用是否为官方正版应用，不能被相似的应用名称或应用背景所欺骗，从而下载了携带有木马、病毒的非法盗版应用软件。用户应当谨慎处理软件发出的权限请求。或许许多用户都有过这样类似经历：当我们下载安装一个应用时，在安装界面会弹出许多相关权限的请求，或是请求获取地址、联系人或是读取短信等。这就要求用户在处理权限时明辨是非，在拒绝大多涉及隐私的权限要求下合理地给予适当的权限，例如外卖软件允许获取地址，游戏软件拒绝获取联系人和短信等。b. 提高个人账户的安全系数并做好平台个人登录信息的保密工作。在用手机登录如支付宝等第三方移动支付平台前我们需要确认手机内安装的支付软件是经过官方认证的APP，确保APP的可靠性。并尽量避免通过网络链接直接登录到个人网上银行，因为经常会有些伪造的虚假登录界面，趁机拦截用户的登录信息，只有用户加强对个人信息的戒备，才能有效地避免信息泄露和恶意行为的发生，减少不必要的经济损失。c. 安装健康的手机管家和杀毒软件。一款健康的杀毒软件可以帮助用户有效地规避风险，保证移动支付环境的健康。目前最常用的软件有腾讯管家、金山毒霸、360管家等，它们都具备实时监控的防火墙、短信拦截、骚扰电话拦截等功能，能及时发现并清除移动终端里的恶意软件。

（2）网络风险的解决方案。以下分别给出对于WIFI漏洞和数据流量访问（WAP）的解决方案和应对措施。①WIFI风险处理。对于WIFI的风险处理大致可分为以下五点：避免联入不安全的公共WIFI；更改WIFI的初始密码；设置高强度的WIFI密码并定时更改；保证WIFI联入用户的身份安全；定期进行WIFI的版本更新与维护。②数据流量访问风险处理。对于数据流量访问（WAP）所带来的风险处理方法有如下四点：

a. 开发具备身份识别和加密的 SIM 卡：现在各大网络运营商都推出了 SIM 卡免费升级的方式，如 4G 卡的升级，在给用户提升了流量上限的同时，也降低了 WAP 访问的风险。但当务之急还是应尽快开发出具备身份识别和加密的 SIM 卡。b. 同步使用手机号码验证身份有效性：在现有的许多手机移动支付过程中，通过给手机发送即时验证码来验证用户身份有效性的方式屡见不鲜，同样的，这种方式也可以应用于 WAP 访问。c. 推广银行的登录限制方式：正如工行和建行等银行的登录方式设定一样，当用户多次发送验证信息错误后，可以对用户进行暂时禁止登录的警示，从而降低 WAP 访问的风险。d. 改进并逐步完善 WAP 网关功能：正如上文所述，WAP 网关功能上存在缺陷，因此，早日改进并完善网关在功能上的缺陷的重要性不言而喻。

（3）支付过程安全性的改进方案。①保证手机移动支付平台的安全。手机移动支付平台的安全主要取决于它自身服务器的载体设备（电脑）的安全性能。因此需要在开启防火墙的背景下下载可靠的杀毒软件并进行定期的安全检查，确保电脑的安全系统全面开启。②启用改进后的移动支付协议。对当前的移动支付协议进行改进（如 ECC 协议等），以确保移动支付过程的安全性。主要的改进方向有以下几点：减少交易及支付过程中签名和证书的传递次数和验证次数，以提高支付认证效率；适当地减少交易和支付过程中数据的非对称和对称加密次数；③更好地确保交易过程产生的支付信息的安全以及用户的个人信息安全；④减少协议中对于移动终端的计算能力的要求。

（4）国家法律、法规的改进。因为我国法律目前对于移动支付犯罪尚未形成有效的管理制度和惩戒制度，因此在对移动支付过程中的各个细节进行整治和改进的同时也应抓紧立法制度的进度，早日出台一系列完整的针对移动支付犯罪的详细法规，保障移动支付过程的安全性，给用户一个更加健康的移动支付环境。

8.2.5 总结与展望

基于手机 APP 支付渠道的移动支付方式在第三方移动支付平台的安全问题在移动支付的发展历程中一直存在，并将会被作为未来将要克服的主要问题一直持续下去，直至得到妥善解决。在信息化高度发展的今天，基于手机 APP 支付渠道的移动支付方式的发展是不可遏制的必然趋势，因此，其移动支付安全问题也就成了阻碍其发展的最大绊脚石。本章通过对其移动支付流程的分析，解析了安全隐患风险产生的原因和因素，并针对每一个诱因给出了解决方案和应对措施以及对移动支付相关法律、法规的建议。相信在技术手段更新急速的 21 世纪信息化社会，有效处理并解决了安全问题的基于手机 APP 的移动支付方式将在第三方移动支付平台上大放异彩，伴随着第三方移动支付平台的快速发展被更多用户所接受和推崇。

参考文献

[1] 莫万友. 移动支付法律问题探析 [J]. 河北法学, 2008, 26 (11).

[2] 杨凌云. 3G 时代我国移动支付商业发展研究 [D]. 北京：北京交通大学, 2009.

[3] 熊国红，戴俊敏. 对手机银行认识与安全问题的思考 [J]. 武汉金融, 2011 (1).

[4] 贾凤菊. 浅谈移动支付在我国的应用和发展 [J]. 时代经贸, 2010 (24).

[5] 戴林. 移动电子商务走进百姓生活 [J]. 重庆信息化, 2009 (10).

[6] 郝文江，武捷. 移动支付安全性分析及技术保障研究 [J]. 信息网络安全，2011 (9).

[7] 董梁. PKI/CA 技术与应用发展 [J]. 金融电子化，2005 (9).

[8] 万隆. 电子商务环境下移动支付的安全性分析 [J]. 商场现代化，2008 (32).

[9] 李广莉. WPKI 在移动电子商务中的应用 [J]. 电脑开发与应用，2009，22 (8).

[10] 李志民，郑秋生. 基于 PKI 的电子合同安全 [J]. 中国管理信息化，2006 (5).

[11] 雷朝铨. PKI 技术在电子商务中的应用 [J]. 中国科技博览，2009 (7).

[12] 赖庆. 基于 WPKI 的移动电子商务安全体系与应用 [J]. 商场现代化，2008 (12).

[13] 徐晓宁. WPKI 关键技术的设计与实现 [D]. 西安：西安电子科技大学，2005.

[14] 刘永翔，欧婧. 移动支付平台设计中的交互体验研究 [D]. 北京：北方工业大学，2015.

[15] 张浩. 移动支付应用情况研究 [D]. 北京：北京邮电大学，2007.

[16] 何亮. 第三方移动支付平台的设计与原型系统实现 [D]. 北京：北京邮电大学，2009.

[17] 何亮，王纯. 基于 SOA 的第三方移动支付平台的设计 [J]. 自然科学，2009 (27).

[18] Henry P S，Luo H. WiFi：What's Next? [J]. Communications Magazine，IEEE，2002，40 (12).

[19] KhanJ，Khwaja A. Building Secure Wireless Networks with 802. 11 [M]. New York：Wiley，2003.

[20] 关振胜. 公钥基础设施 PKI 与认证机构 CA [M]. 北

京：电子工业出版社，2002（1）.

[21] 李海飞. 移动支付中的安全协议研究 [D]. 西安：西安电子科技大学，2014.

[22] 陈小梅. 移动支付体系的安全风险分析与研究 [D]. 北京：北京邮电大学，2013.

第9章

网上支付物业费缴纳系统分析与设计

互联网的全面普及，移动网络的兴起，让人们的生活便利性得到大大提高。人们从一个被支配的人，逐渐成为支配者。人们传统的生活方式也逐渐被电子社交网络、网上购物等新兴网络生活方式所取代。

根据调查机构 IResearch 发布的《2014 年中国电子银行用户调研报告》显示，通过网上支付的用户以 25 岁~35 岁的年轻人群为主，其中网银用户占 55.7%，手机银行用户占 60.2%。手机银行的用户数在持续地增长，就统计数据来看，增速还在不断地上升。由于低龄和高龄的用户存在经济基础、知识结构上不满足网银和手机银行的要求，所以所占比例不高。由此可见网上支付业务在人们中使用率在快速提高。相信随着网络的继续发展和国民素质的逐步提高，这个数据还会增加。

当下运用互联网技术探索发展、寻求新模式已是当下所有物业企业的共识，过去还特别陌生的名词“APP”“网上支付”“云服务”等都逐渐被人们所熟知。中国物业管理协会沈建忠会长也明确指出：“物业服务企业要用更自觉的行动，去拥抱科技；用更积极的姿态，把传统物业管理行业和科技嫁接并融合，用更开放的心态，去追随现代科技的步伐。”

传统物业费用的缴纳是通过业主自己到物业公司前台缴纳，而且账单查询方面不能很方便地看到，前台工作人员也不太情愿一个一个地解释账单细节，那么，在这个网络时代，为了更加方便业主，推出自主缴费、自主查询是很有必要的。

本章中提到的物业公司是在三级城市中的一家物业公司，其有两个物业小区，大约有 5 500 户住户。目前实行的还是传统的物业缴费。该物业公司的具体情况在后面会提到。

本章通过对我国网上支付发展现状，结合物业行业发展对关于物业公司收取物业费的方式进行研究，旨在帮助物业公司在新形势、新机遇和新挑战下加快自身的发展，将优质的服务带给自己的业主。笔者根据互联网时代，通过网上支付的方式收取物业费用业务的相关规范和业务流程进行分析，建立自己的网上支付物业费系统，通过扩大网上支付费用的类别，为业主提供更加优质的服务。

当下传统物业公司收取的费用包括物业管理费、水电费、二次供水加压费等。而人们生活中还会发生其他的可以通过网上支付的费用，当业主需要缴纳电话费时，需要登录电信或移动网站去缴纳，而当需要缴纳违章罚款的时候，又需要到另一个网站上去缴纳。这样不仅仅浪费业主的时间，更是重复地浪费了资源。物业公司作为社区的管理者，可以通过整合业主生活需求，将其他的费用，包括：电话费、有线电视费、网络服务费、养路费、违章罚款等生活相关费用整合起来，建立综合缴费平台。

近些年来，各大公司都在推出网上支付功能，但是却很少将其整合起来，因为他们没有像物业公司这样的背景。以一个社区为支持，将社区看为一个整体，这样就可以将各种费用都整合在一起，这样一来，业主只需要登录自己小区物业的网站，就能完成各种费用的缴纳，这才是资源的优化配置，

本章从上述方面入手，将一些业主感兴趣的缴费项目融入

到系统中去。本系统还将会增加预交金功能，可以通过预交金直接支付费用，为业主增加便利性。但是在此之前，还需要对物业费收费进行分析，希望从分析中能够得到好的启发。

9.1　物业费收费现状分析

我国的物业管理开始于20世纪80年代的深圳。经过几年的摸索前进，沿海地区的物业得到了快速发展。根据当时的国策，在沿海的经验下，内地也得到了快速发展。根据《2014年中国物业管理行业报告》显示，在2012年的时候，全国物业管理企业超过7万家，从业人员突破612万人，物业管理面积约为145.3亿平方米。物业服务行业俨然已经成为了一个十分巨大的市场。但是由于行业的特性，其属于低利润的行业。当下人们对物资的要求越来越高，物业公司将会面临着人力资源成本上涨、基础设施成本增加和服务项目难度增加等导致成本增加的问题。但是物业费用的增加幅度不能跟上这些的增长，这导致不少物业公司处于亏损状态。根据近些年的调查，物业人员的平均工资的涨幅为20%~40%，这大大冲击了物业公司的成本和服务水平。就是在这样的情况下，小区物业管理者按照自己的义务提供了服务，业主也按照自己的权利享受了服务，那么业主就有义务缴纳物业管理费，这本该是理所当然的事。但在全国各个地方，物业费难收缴成为较为普遍的现象，协商难成为物业公司面临的问题。

对于收费难，主要从三个方面来讲：一是从开发楼盘的企业来讲，一些楼盘本身存在着质量的问题和售前承诺无法兑现的情况，这使得物业公司在道理上无法处于主动的位置；二是从物业公司来说，我国现在的物业行业还处于杂乱的环境之中，普遍存在服务质量不过关、专业性不强、与业主沟通不到位等情况；三是从业主来讲，在从众心理的影响下，有一人不缴纳物业费用，就会有很多人也采取跟从的方式，甚至一些业主由于一小点不满意就采取不缴纳费用的方式来面对。

根据法律规定，当住宅小区完成交付条件后，物业公司应该组织全小区业主成立业主委员会。但是就目前的现状来看，进行公平和合理的协商是很困难的，主要是业主委员会比较难成立，导致业主和物业没有很好的沟通基础；其次是业主委员会难运作，业主委员会对自己的职责不清；最后就是会出现业主委员会由于缺乏监督，发生乱作为和不作为的情况。业主根本不能维护自己的权益。

9.2 网上支付物业费的分析

9.2.1 网上支付物业费现状

网上支付是一种电子支付方式，当前网上支付为人们提供了很多便利。目前比较流行的有三种网上支付方式，即在线转账、电子现金和第三方支付平台。其中第三方支付平台在我们的生活中使用得比较普遍，它的基本原理是第三方与银行之间建立支付接口，从而完成及时支付的支付方式。它是通过连接接口，将银行账户上的资金转账到第三方平台账户中，实现暂存管理，当双方交易成功后，通过确认，再将资金转账到指定账户中，不再需要人工操作。这不仅能够及时地完成交易，还能为交易双方提供保障。商户和客户之间有多种网上支付方式，其中包括信用卡、电子钱包、电子支票和电子现金等。第三方支付平台的普及，大大地促进了网上贸易的发展。

当下这个网络时代，已经出现了通过网上支付缴纳物业费的业务了。其中在支付宝中，就可以缴纳万科物业、龙城物业、金成物业等物业公司的物业费了，但是，这也只是限于国内一线城市。这也是用户的需求所致，在一线城市，生活节奏快，业主没时间去物业公司缴费，也就形成了网上缴纳物业费的业务。

现在我国网上支付的环境还是比较好的，但是近年来也发生了不少事件，揭露了网上支付的不少安全隐患。其主要有以下几个方面：①用户的身份冒充。不法分子通过钓鱼网站、木马等不法手段窃取用户信息，从而以用户的身份冒充用户行使用户的权利，对用户造成巨大的财产损失。②缺乏严格的网络安全制度。网站内部和局域网都需要建立完善的安全管理制度，从而保障网上交易的安全性。③非授权访问。总体来说现在的关键问题是不存在统一、安全的支付机制。支付方式的革新必须依赖中央银行的支持，而中央银行也应加强对网上支付问题的研究和规范，积极防范与网上支付相关的金融风险。

9.2.2　某物业公司网上支付物业费的问题及对策

重庆市某区县的物业管理有限公司建立了完善的现代化管理制度，是一家专业化的物业管理公司，以良好的人文环境、广阔的发展空间和合理的薪资待遇吸引了一大批物业管理界的优秀人才，建立了一支高素质的员工队伍。该物业公司由行政事务部、客户服务部、秩序维护部、工程维修部和环境绿化部组成。其服务的内容包括：清洁卫生、园林绿化、安全防范、公共部位及设施的维护、公共设备的日常维护、交通管理、报刊邮件的代收和社区文化建设。

该物业小区算是比较新的小区，但是作为区县里的小区，还是存在不少问题。通过以下几个方面，对问题进行归集。

①人员素质不高，流动性大。物业行业作为国内的新兴行业，还处于发展阶段，缺乏大量高素质、专业的人才。一方面是我国高校开展相关专业教育历时短，培养的人才有限，区县

级的物业小区对此类人才的吸引力不足；另一方面是尚未建立规范的从业人员、行业管理标准。在这种情况下实施这样的系统，将会有很大困难。

②留家业主年龄偏大，新鲜事物接受偏难。现在我国的城乡化建设虽然在不断地深化，但是还没有得到根本上的改变，不少年轻人更加愿意去大城市发展。而通过前面根据调查机构 IResearch 发布的《2014 年中国电子银行用户调研报告》显示，通过网上支付的用户以 25～35 岁的年轻人群为主，网上支付业务的主要消费者是年轻人，而区县里小区的年轻人不是很多，这也许会让网上支付业务受阻。

③业主与物业公司之间的信任问题。就目前国内的情况来讲，不少物业公司都面临着一个同样的问题，那就是“收费难”。那为什么收费难呢？原因还是信任问题。经过调查，该小区算是比较清楚地记录了相关费用的收取以及使用情况。但是仍然有 10%左右的物业费用无法收到，这对于利润低下的物业公司更是一种打击了，不少业主用一种看似合理，但是不合法的托辞，将建筑开发商的问题转移到物业服务公司，并且成立裙带关系。这样的问题直接导致收费难，以至于将会影响到该系统的效益。

④区县金融业不发达。由于发展的推进，尽管各大银行都在区县建立了自己的分行，但是其主要的业务还是以存款、放贷等业务为主，银行代扣等物业相关业务发展并不顺利。这导致一些基础设施的建设存在很大的问题，物业公司会计人员与银行人员的账单核对有比较大的困难，且手续繁杂，影响本系统的使用。

上述问题解决方式如下所列：

①加强员工培训，建立员工福利体系，针对人员素质不高、流动性大的问题，我们希望通过与培训机构合作构建“四位一体”的物业行业培训体系，及业主代表培训、普通员

工培训、高级职业经理人培训和注册物业管理师培训，通过培训增加员工的素质。再通过管理层的努力，建立一套员工福利体系，增强员工的归属感，降低员工的流动性，从而增加员工积极性，使他们更好地完成工作；增强系统的执行性。

②推进城乡化建设，年轻人返乡发展。作为“一带一路”和长江经济带建设的重要载体，推进新型城镇化是重庆对接国家重大发展战略，落实国家重大决策，实现重庆在全国一盘棋中可持续作为的战略选择，重庆市政府将会加快发展 15 个区县发展，增加就业岗位和加快项目开发。就此将会有大批的年轻人返乡支援建设，小区内年轻人就会增多，使得系统可用性增加。

③理清法律关系，完善定价机制。首先，当业主以不正当理由拒绝支付物业费用的时候，不要以停水断电等消极方式反击，这是擅用了别人的权利。应该主动与业主沟通，通过建立业主委员会，协同业主委员会将物业欠费问题与开发商遗留问题、受委托收费问题彻底划开，从而分别解决。其次，应恪守合同相对性原则。在定价机制上，应当根据公司所处市场环境，因地制宜，提供一个与服务质量相匹配的价格。除此之外，还应不断根据市场变化，调查了解消费者及业主的意见，不断完善定价机制。

9.3　网上支付物业费缴纳系统的解决方案

9.3.1　用户需求分析

在当今社会，讲究的是资源的整合，对于用户而言，希望通过整合的平台，来完成他们所需要的服务。本系统是一个基于网上支付物业费的缴纳系统，我们打算将物业费、水电费、电话费、网费和停车费整合进我的系统中，那么用户就可以在线在这个系统中完成多项费用的缴纳。

传统物业缴费是通过现场缴费的形式完成的，但是根据物业行业的特点，会出现业主主动咨询缴费和物业工作人员催促缴费两种情况。

业主主动咨询缴费的业务流程如图 9-1 所示，业主自主来到物业前台，告知物业公司自己的业主身份，前台核对业主身份来确认，核对完成后，到财务部去查询该业主费用情况。如果有需要缴纳的费用，业主即缴纳费用，得到缴费单据，财务部通过单据，对账表数据进行修改。

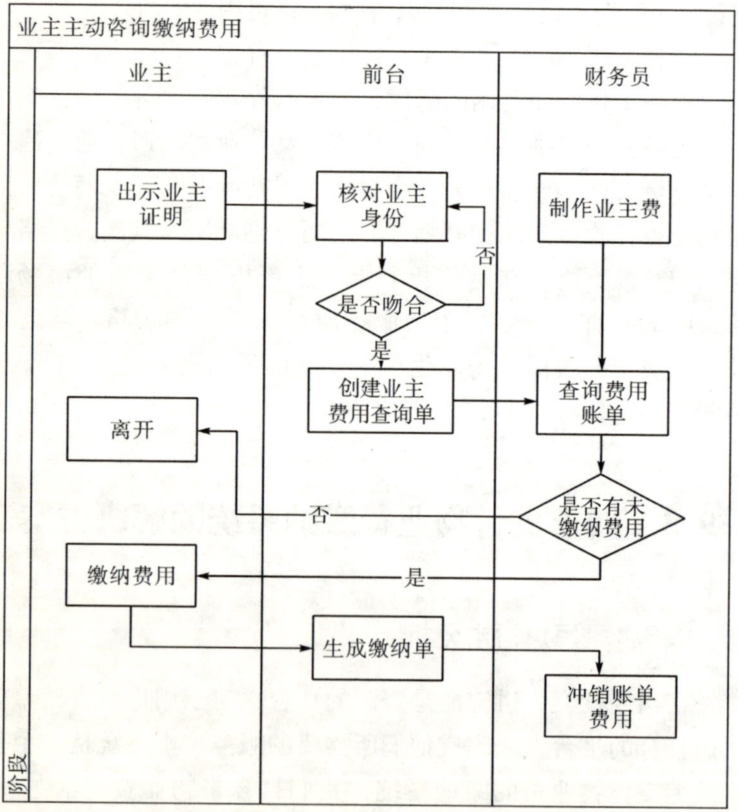

图 9-1　业主主动咨询缴费业务流程图

当然，会出现一些特殊情况，如业主忘记来缴费，那么这时候发生的业务流程如图 9-2 所示。当财务部门制作出物业费财务报表后，业务员通过查看，通知未有及时缴纳物业费的业主，如果业主来及时缴纳了，那么处理的流程和上面的一样；如果业主还是不来缴纳，那么物业公司可以采取交涉或者是诉讼等其他方式催促他来缴纳。

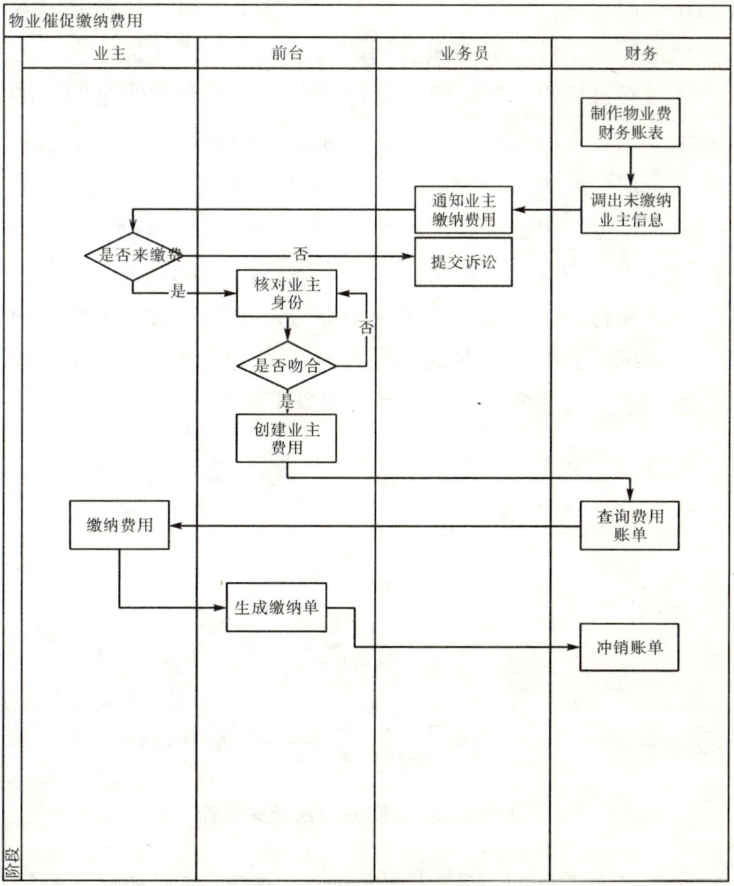

图 9-2　物业催促缴纳费用业务流程图

9.3.2 系统设计目的

经过对上述传统物业费用缴费流程的分析，我们发现在传统物业费缴纳的过程中，业主需要亲自去物业前台查询自己的账单，物业前台还需要将业主身份信息拿到财务部去查询账单详细信息，再反馈给业主。对于这个过程，我们发现有很多地方可以优化，我们希望通过财务将物业费账单录入系统中，前台只需要进入系统，根据筛选条件完成账单查询即可，业主可以快捷、直观地看到。在缴费过程中，增加网上支付的缴纳方式和预留金的缴纳方式来给业主更多的选择空间，增加业主的用户体验。对于物业公司方面来说，业主有 5 500 户之多，来前台缴纳的话，会增加前台不少的工作量，也会增加人力成本。我们将缴纳过程放入系统中，不仅降低了人力成本，还增加了业主缴费的用户体验。对财务来说，只需要将费用信息录入系统中即可，不用再去手工地冲销费用了。系统将会把用户费用情况查询、费用缴纳、冲销账单和通知未缴纳业主等业务流程通过系统本身实现。

9.3.3 数据流程分析

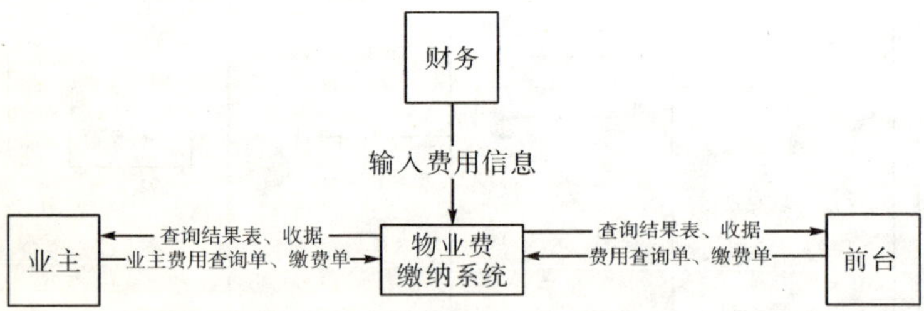

图 9-3 物业费缴纳系统关联图

这个系统的数据来源主要是业主、前台客服和财务，数据去处是业主和前台。由此我们得到了物业费缴纳系统的关联图，如图 9-4 所示。该图给出了整个系统的一个整体构架，明确了系统的外部实体和界面环境。

在分析出来了外部实体部分后，根据我的构思，系统将由登录系统、缴纳系统和费用管理系统构成，如图 9-4 所示。

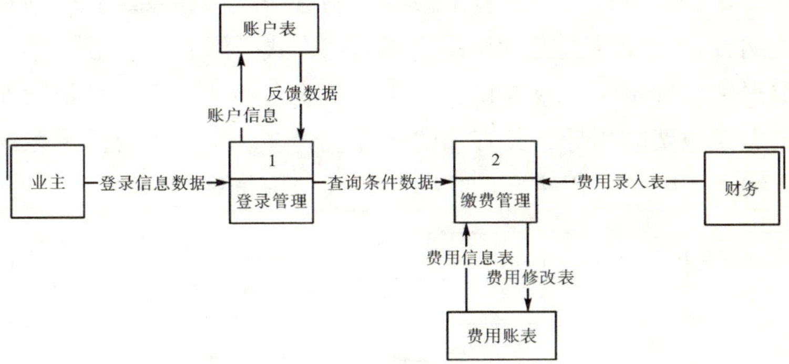

图 9-4　数据流程图

首先是登录系统部分，如图 9-5 所示，系统将提供不同用户的注册和登录功能，用户通过填写注册申请表，将信息录入账户表中，在登录的时候，通过输入账号密码，在账户表中核对，如果匹配，即登录成功。而系统管理员的主要功能是对账户表进行日常维护和修改。

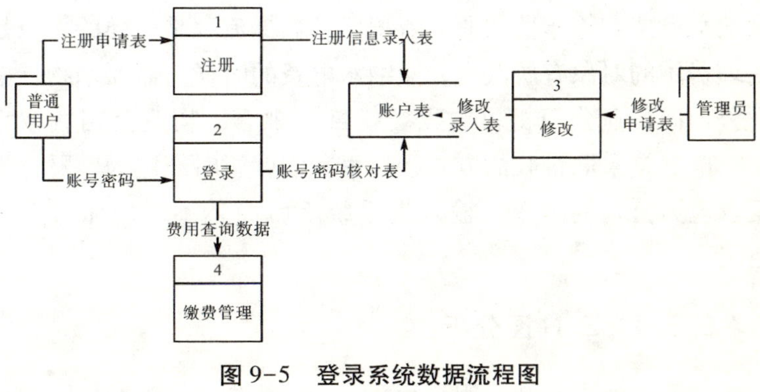

图 9-5　登录系统数据流程图

然后是费用管理和缴纳系统，如图 9-5 所示，用户通过登录，进入系统后，现在就只有物业费来讲，系统主要有三种用户，即业主、前台和财务。业主进入系统，筛选查询条件，由于用户特性，只提供按照日期条件查询，根据查询条件在物业费账表中查询，如果有未缴纳的物业费款项，系统提供两种缴纳方式，即网上支付和预留金缴纳方式。缴费成功后，系统根据费用冲销单，修改物业费账表。前台的功能主要是帮助业主完成缴费的指导，其查询的条件就会多一个业主身份信息的查询。而财务部门主要的功能是录入费用信息。

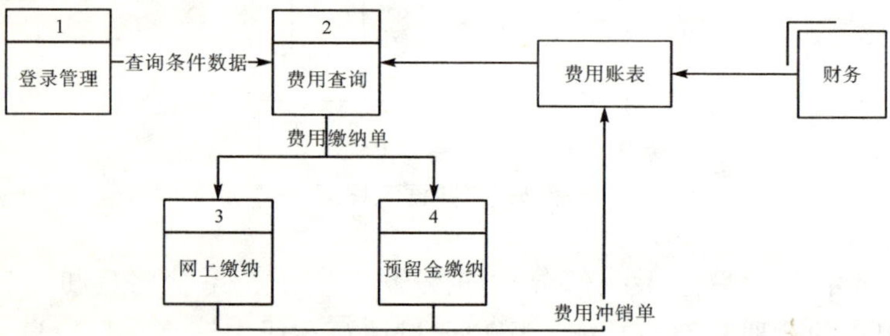

图 9-5　用户缴费数据流程图

在第一部分对业主需求分析的时候，我们看到业主有缴纳水电费、网费和停车费的需求，和缴纳物业费是一样的道理，缴纳水电费和停车费的业务流程以及数据流程是一样的，只是处理费用的对象有所改变，缴纳水电费的时候，需要水物、电力公司向物业公司提供数据。就目前来看，物业公司收取水物、电费是采取带收的方式，这里我们就暂时规定为，财务根据水电力公司的账单，输入进系统。后面就不对此做过多介绍了。

9.3.4　E-R 图分析

以下对业主缴纳费用流程的 E-R 图进行分析，如图 9-6

所示。其中业主作为实体，拥有业主号、业主名、密码、电话、楼栋类型和房屋面积属性，在查询费用上是一对多的关系。其后是费用实体，拥有费用号、费用名、时间、业主号、费用金额和费用状态属性，在费用缴费上也是一对多的关系。缴费方式拥有的属性是缴费方式号、缴费方式名、费用号、费用金额和时间属性。

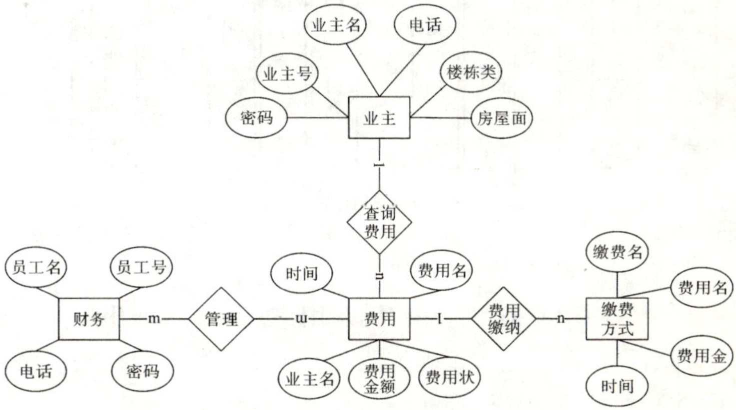

图 9-6　E-R 图

9.3.5　系统结构设计

通过前面对业务流程、数据流程以及 E-R 图的分析，相信读者对系统的主要功能模块已经比较清晰了，即系统主要是由登录系统、查询系统、缴费系统组成，如图 9-7 所示。

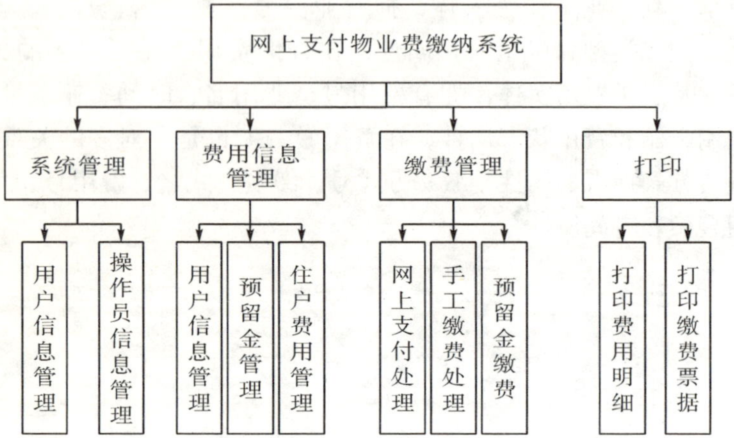

图 9-7　系统结构图

（1）界面设计

登录界面功能描述：用户输入用户密码，选取用户类别后系统判断用户密码是否正确和匹配，还要判断用户权限，用户权限控制到具体的功能模块。

用户登录图如图 9-8 所示：

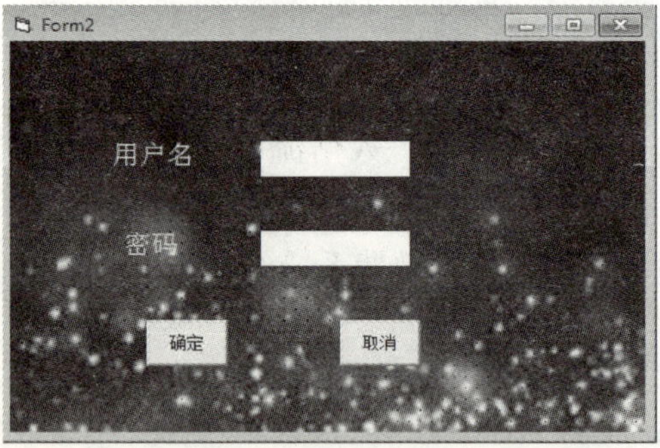

图 9-8　用户登录图

（2）主界面

在通过了系统判定后，进入主界面，主界面分为四个功能菜单，分别为系统管理、费用信息管理、缴费管理和打印。主界面主要由顶部、左侧和右侧组成，顶部主要显示当前登录人的信息和退出系统操作，左侧是功能菜单；右侧显示相应操作的信息和显示编辑界面。

系统主界面如图 9-9 所示：

图 9-9　系统主界面图

（3）用户费用查询界面

用户费用查询功能为用户提供各种费用的查询，包括物业费、水电费、网络使用费和停车费。

用户查询如图 9-10 所示：

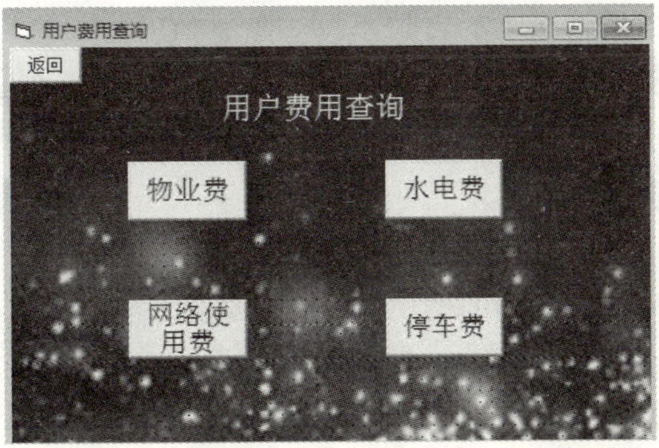

图 9-10　用户查询图

（4）费用缴纳界面

费用缴纳功能为业主提供了三种缴纳方式，即网上支付处理、手工缴费处理和预留金缴费。

缴费管理界面如图 9-11 所示：

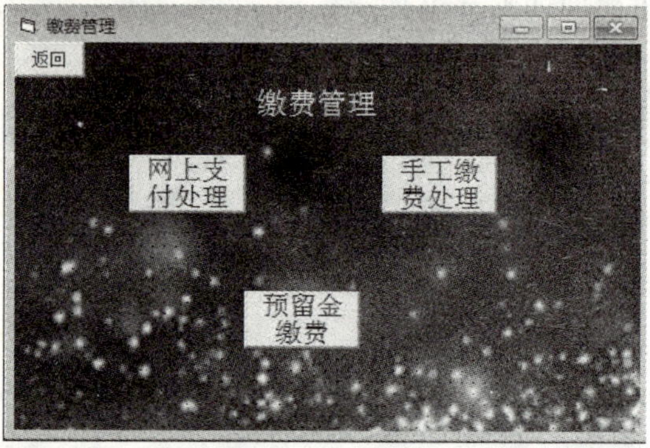

图 9-11　缴费管理图

（5）开发技术和平台

系统将采用 LAMP 开发平台，这个开发平台是在 Linux 操作系统上配置 Apache，以 Web 服务器、Mysql 为数据库管理系统、Php 为后台脚本语言组成的 web 开发平台。

LAMP 组合以其简单性、开放性、低成本、安全性和适用性受到了越来越多人的青睐。

（6）系统使用方式

系统是通过进入浏览器，输入网址，进入网站，业主通过输入账号密码进入系统，如果是新业主，还会有一个注册的过程。进入系统后，点击查询，通过查询功能查找需要缴纳的费用，当找到需要缴纳的费用后，点击缴纳，选择缴纳方式，完成缴纳费用的操作。系统后台服务端通过数据的传输，使数据库中的数据得到更新，从而完成缴费的后台流程。

用户想要使用本系统缴费，只需要有一台能够连上网的电脑或者是手机，登录浏览器即可。

作为一个新兴的服务类行业，物业行业更是应当首当其冲，增大自身的利润空间，降低自身的成本，不断为自身的发展创造条件。城乡化建设的推进，为区县物业公司的发展创造了条件，各大银行的入驻，也为物业行业带来了新的机遇。在这样的背景下，笔者分析了当下网上支付的现状，对智能化小区进行了分析，得出网上支付物业费用的可行性。笔者还以一个区县物业公司为模板，对可能出现的阻碍系统可行的问题进行了归集，并对它们提出了解决的方法。

参考文献

[1] 薛玉燕. 第三方支付的现状与问题 [D]. 长春：吉林大学经济学院，2014.

[2] 赵颖. 第三方支付模式分析及问题探索 [D]. 北京：对外经济贸易大学，2006.

[3] 王莹. C2C 模式下银行与第三方支付平台研究 [J]. 产业与科技论坛，2008.

[4] 黄宁玉，宋式斌. 高校网上支付系统的访问控制模型研究及系统实现 [D]. 北京：北京大学医学部（信息通讯中心），2014.

[5] 关文静. 对国内电子支付现状的分析 [J]. 电子支付，2012.

[6] 何莉. 基于 B/S 和 C/S 模式结合的网上缴费系统在高校财务中的应用 [D]. 无锡：江南大学，2014.

[7] 郭佳欣. 网上缴费常见问题及其处理方法探讨 [J]. 中介服务，2014.

[8] 原立勋. 我国第三方支付现状与发展思考 [D]. 西宁：中国人民银行西宁中心支行，2014.

[9] 张晔斌. 浅析国内第三方支付的发展状况及存在的问

题［J］. 商场现代化，2011.

［10］罗晓萌. 网络第三方支付平台的合法性研究［J］. 重庆工商大学学报：社会科学版，2010.

［11］王旭磊，王宝海，孙春薇. 银行与第三方支付平台的竞合关系分析［J］. 金融电子化，2010.

［12］郭升选. “物业费收缴难”的法律与经济分析［D］. 西安：西北大学经济管理学院，2008.

［13］刘志硕，魏凤，柴跃廷，等. 关于我国物联网发展的思考［J］. 综合运输，2010.

［14］李季，刘树启. 住宅小区智能化系统设计［J］. 中国科技信息，2007.

［15］张德春. 物联网时代下的智能化物业管理模型建立［D］. 郑州：河南牧业经济学院，2014.

［16］马云俊. 物业管理行业发展现状与培训体系的构建研究［D］. 沈阳：沈阳工程学院，2014.

［17］钱大胜. 浅谈物业管理企业人才流失问题与对策［J］. 生产力研究，2010.

［18］黄文. 物业管理行业人才需求及培养模式研究［J］. 中国经贸导刊，2011.

［19］商业银行代扣物业费系统的设计与实现［D］. 长沙：湖南大学，2012.

［20］王邦，胡姗姗，屠楚雄. 浅析我国商业银行中间业务发展现状和几点建议［J］. 现代物业（中旬刊），2010.

第 10 章

电子商务产业发展路径选择研究

电子商务作为现代服务业的重要组成部分，有“朝阳产业”“绿色产业”之称，具有“三高”“三新”特点。“三高”即高人力资本含量、高技术含量和高附加价值；“三新”即新技术、新业态、新方式。我国电子商务从 2007 年开始进入快速发展阶段，“网购”在我国城乡居民的经济生活中正扮演着越来越重要的角色。2015 年 3 月，李克强总理代表国务院向第十二届全国人大二次会议所作的《政府工作报告》中首次提出制定“互联网+”行动计划，推动移动互联网、云计算、大数据、物联网等与各行各业相结合，促进电子商务、工业互联网和互联网金融的融合发展。

在互联网技术推动下，电子商务在促进产业结构优化升级、转变经济发展方式方面以其特有的新业态和盈利模式给了人们以极大的振奋，其未来的发展更是留给人们无限的想象空间。但是，电子商务产业的发展不可能一蹴而就，它需要遵循产业发展的内在规律。因此，选择合适的产业路径将有助于电子商务产业的可持续发展。

电子商务的发展需要考虑各个方面的因素，但总结起来有主观因素和客观环境两类，其中主观因素包括人力资本、资金投资、技术和创新等，而客观环境上包含了政策、市场发展以及电子商务与其他产业间的关系。另外，其文献大多以定性分析为主，说服力较弱，因此本书运用定量模型——投入产出模型，从电子商务与其他产业间的关系入手，寻求电子商务新的产业发展路径。

10.1 文献回顾

电子商务的快速发展所带来的问题令我们反思电子商务产业的发展何去何从，其发展应该考虑哪些因素。本书回顾了国外和国内的文献，总结了这一问题。

10.1.1 国外文献

S. Subba Rao，et al（2003）深入分析了电子商务的发展阶段，并建模分析了在每个阶段中小企业发展电子商务的路径与障碍，并展望了未来研究的重点是每个阶段的具体项目、开发模式和构建实证检验模型。Charles M. Wood 为亚太地区新兴经济体研究了一个电子商务发展的双路径模式，一是“自下而上”的活动，如基础设施开发；另一个是“自上而下”的方法，如创业。两种路径的结合可以促进电子商务的发展以及营销，并可以推动本国经济的发展。其还提到了电子上网自身发展的基础设施。Rajshekha G. Javalgi、James J，等（2005）构建了一个组织生态动力学模型并绘制了一个平行之间的种群生态学模型和目前全球电子商务环境，并研究了其发展的途径。Wong，Xiaodong，等（2004）认为中国的互联网市场、网民的数量、电话的普及都在以十分快的速度增长，但电子商务由于其传统的商业模式、传统的消费行为以及消费预期的差异等导致中国电子商务市场较西方国家发展缓慢。Chan，Busli，等（2002）分析了电子商务在新加坡的发展模式以及发展路径，他们认为，新加坡作为一个小国，天然资源有限，但电子商务基础设施良好，所以政府对企业的支持是新加坡成功发展电子商务的一个重要途径。

这几个较具代表性的国外文献提到的电子商务的发展影响要素中较突出的是基础设施的开发不够、传统模式的冲击以及公共部门的支持等，我国的电子商务产业发展可以参考从这些方面入手改变电子商务的现状。

10.1.2　国内文献

在国内文献中，大多数学者从定性角度分析了电子商务的路径选择，提出了约束要点和政策建议。如冯缨，徐占东（2011）进行了我国中小企业发展电子商务的组织特征性和环境特征性分析，前者分析了企业规模、信息技术水平、策略、投资规模、领导支持等，后者分析了来自同行竞争压力、同行伙伴压力、习俗潮流压力的特征，另外还有创新性特征分析。杜勇、杜军、陈建英（2010）着力分析了电子商务从业人员的各方面素质要求，同时丁荣涛（2013）在产业融合的情况下也探讨了电子商务的人才发展，对此设计了人才人力资本优化演进框架，两者均说明了人力资本的重要性。在传统信息服务上的环境下也可以开展电子商务，李小东、周文文、陈远高（2001）就对此提出了策略，其利用 SWOT 分析方法进行的分析，点出了不同环境对电子商务的影响各有不同。汪明峰、卢姗（2009）就文化、历史、政策法律、空间格局等因素研究了不同国家之间 B2C 电子商务发展依赖的路径。线下电子商务需要物流管理作重要支撑，若物流管理严重滞后，在一定程度上会造成电子商务发展的困境，而邱均平、宋恩梅（2002）针对此提出了电子商务中物流管理的创新，可见电子商务的发展还涉及了另一些产业。微观角度上讲，也有不少学者对电商企业进行了讨论，比如丁乃鹏、黄丽华（2002）从电子商务成长的环境方面，讨论电子商务模式的特点及其对企业发展的影响，提到了环境；黄晓兰（2010）以义乌市某饰品厂为例，分析了中小企业发展电子商务面临着物流、第三方支付平台、客户忠诚度和网络技术方面的困难，并提出相应改善意见；谭晓林、周建华（2013）将影响企业电子商务采纳的因素按照范围程度上由大及小的顺序将其划分为三个层面：区域层次上的因素、产业层次上的因素和企业层次上的因素。企业电子商务采纳的关键在于价值创新。为提高企业电子商务采纳成功率，企业需要从内、外两个方面入手，有效匹配资源，提高环境恰适度，走自主创新之路。

综上所述，电子商务的发展需要考虑各个方面的因素，但总结起来有主观因素和客观环境，其中主观因素包括人力资本、资金投资、技术和创新等，而客观环境上包含了政策、市场发展以及电子商务与其他产业间的关系。另外，其文献大多以定性分析为主，说服力较弱，因此本书运用定量模型——投入产出模型，从电子商务与其他产业间的关系入手，寻求电子商务新的产业发展路径。

针对电子商务产业存在的问题和良好的发展前景，结合该产业的特点，电子商务应该有其独特的产业发展路径。因此，本书利用电子商务产业相关数据，利用投入产出模型，计算相关指标，并建立合理的模型，分析电子商务产业未来产业结构优化的发展路径。

10.2 电子商务产业发展路径模型构建

国家“十二五”规划把发展电子商务作为产业结构优化升级、转变经济发展方式的战略重点。电子商务产业具有市场全球化、交易连续化、成本低廉化、资源集约化等优势。如果将产业结构看作是一个生态系统，电子商务产业则是这个生态系统中的一个种群，其发展必然受到供给投入要素和需求产出方面的约束。因此，电子商务产业的发展路径需要遵循产业生态系统的内在规律，在动态中不断向平衡态趋近，以达到该产业生态系统整体的和谐发展。如何选择在产业生态系统中的发展路径是本书拟研究的问题。本研究从约束路径和扩张路径两个角度考察了电子商务产业的发展路径。

10.2.1　约束路径选择模型

在产业系统中，直接消耗系数可表示产业间单条消耗链的直接层级关系，完全消耗系数可表示产业间通过多条消耗链构成的网状结构直接和间接层级关系总和①。电子商务产业约束路径选择模型的依据是电子商务产业对其他某一产业的完全消耗系数越接近直接消耗系数，那么该产业间接消耗系数越小，就说明电子商务产业对该产业间接消耗过程中所经历的产业链网较简单或产业链网间产业关联较弱。这种消耗关系网络的自适应、自组织和自调节能力较差。由于消耗关系网络较简单和单一，因此这一产业的波动引起电子商务产业的波动较直接，从这一产业到另一产业间形成的“投入”“输送”关系网络运行风险较大，而且抗风险能力较弱。所以，这一产业必须发展充分，若此系数越小，这一产业发育不足，就越容易约束电子商务产业发展，形成电子商务产业快速发展的约束条件。

在产业系统中，直接消耗系数（a_{ij}）可表示产业间单条消耗链的直接层级关系，完全消耗系数（b_{ij}）可表示产业间通过多条消耗链构成的网状结构直接和间接层级关系总和。那么约束路径选择模型为：

① 司增绰. 中国流通产业的关联效应与发展路径研究——以批发和零售业为例［J］. 山东财经大学学报，2013，125（3）：28-37.

$$\min_{i=1}^{n}(s_{ij}) = \min_{i=1}^{n} \frac{b_{ij}}{a_{ij}}(i, j = 1, 2, \cdots, n, \text{且 } a_{ij} \neq 0) \tag{10-1}$$

式中 s_{ij} 为第 j 产业对第 i 产业的完全消耗系数（a_{ij}）与直接消耗系数（b_{ij}）的比值；$\min_{i=1}^{n}(s_{ij})$ 表示约束路径选择指标，即要想快速发展第 j 产业，应当协同快速发展使 s_{ij} 取得最小的第 i 产业，否则其将受到约束而得不到合理的发展。

10.2.2 扩张路径选择模型

针对产业产出而被其他产业需求的角度来说，扩张路径，即电子商务产业对某一产业的完全分配系数远离直接分配系数，间接分配系数较大，说明电子商务产业对该产业间接分配过程中所经历的产业链网较复杂或产业链网间产业关联较强。这反映出电子商务产业对该产业的分配较间接，电子商务产业与该产业形成的分配关系网络较复杂。这种分配关系网络的自适应、自组织和自调节能力较强。电子商务产业对该产业的分配关系，其实就是该产业对电子商务产业的需求关系。该系数越大，这种需求关系就越强。

在产业系统中，直接分配系数（r_{ij}）可表示产业间单条分配链的直接层级关系，完全分配系数（d_{ij}）可表示产业间通过多条分配链构成的网状结构直接和间接层级关系总和。那么扩张路径选择模型为：

$$\max_{j=1}^{n}(l_{ij}) = \max_{j=1}^{n} \frac{d_{ij}}{r_{ij}}(i, j = 1, 2, \cdots, n, \text{且 } d_{ij} \neq 0) \tag{10-2}$$

式中 l_{ij} 为第 i 产业对第 j 产业的完全分配系数（r_{ij}）与直接分配系数（d_{ij}）的比值；$\max_{j=1}^{n}(l_{ij})$ 表示扩张路径选择指标，

即要想稳步发展第 i 产业，应当间接协同快速发展使 l_{ij} 取得最大的第 j 产业。

10.2.3　发展路径选择模型

为了找到促进电子商务在产业生态系统中又好又快发展的路径，本书参考相关文献，建立电子商务发展的约束路径选择模型和扩张路径选择模型。能够分别满足 $\min\limits_{i=1}^{n}(s_{ij})$ 和 $\max\limits_{j=1}^{n}(l_{ij})$ 的产业 i 及产业 j 是保证电子商务产业又快又好发展的约束路径选择和扩张路径选择。那么，路径选择模型为：

$$\begin{cases}\min\limits_{i=1}^{n}(s_{ij})=\min\limits_{i=1}^{n}\dfrac{b_{ij}}{a_{ij}}(i,\ j=1,\ 2,\ \cdots,\ n,\ \text{且}\ a_{ij}\neq 0)\\ \max\limits_{j=1}^{n}(l_{ij})=\max\limits_{j=1}^{n}\dfrac{d_{ij}}{r_{ij}}(i,\ j=1,\ 2,\ \cdots,\ n,\ \text{且}\ d_{ij}\neq 0)\end{cases}\tag{10-3}$$

式中，s_{ij} 为第 i 产业种群对第 j 产业种群的完全消耗系数与直接消耗系数的比值；$\min\limits_{i=1}^{n}(s_{ij})$ 表示约束路径选择指标，即要想快速发展第 j 产业种群，应当协同快速发展使 s_{ij} 取得最小的第 i 产业种群；l_{ij} 为第 i 产业种群对第 j 产业种群的完全分配系数与直接分配系数的比值；$\max\limits_{j=1}^{n}(l_{ij})$ 表示扩展路径选择指标，即要想稳步发展第 i 产业种群，应当间接协同快速发展使 l_{ij} 取得最大的第 j 产业种群；能够分别满足 $\min\limits_{i=1}^{n}(s_{ij})$ 和 $\max\limits_{j=1}^{n}(l_{ij})$ 的产业 i 及产业 j 是保证电子商务产业又快又好发展的必然路径选择和最优路径选择。

本书运用投入产出法分析产业关联效应，计算出一系列反映产业之间相互关系、相互影响的指标，从而揭示电子商务产业与其他产业的关联特性①。

10.3 主要系数的计算方法

本书运用投入产出法分析产业关联效应。投入产出法是美国经济学家列昂惕夫于 1936 年首次提出的，主要运用投入产出表对经济问题进行定量分析。投入产出表反映了社会再生产过程中各部门之间的技术经济联系，并通过一系列的系数值反映了产业之间的关联关系及其强度。完整的国民经济价值型投入产出表包括中间使用、最终使用、中间投入和增加值四个部分。这样就可以利用数据，计算出一系列反映产业之间相互关系、相互影响的指标，从而揭示某产业与其他产业的关联特性。

10.3.1 直接消耗系数

直接消耗系数，也称投入系数，记为 $a_{ij}(i,\ j=1,\ 2,\ \cdots,\ n)$，它是指在生产经营过程中第 j 产品（或产业）部门的单位总产出直接消耗的第 i 产品部门货物或服务的价值量。将各产品（或产业）部门的直接消耗系数用表的形式表现就是直接消耗系数表或直接消耗系数矩阵，通常用字母 A 表示。它充分揭示了国民经济各部门之间直接的经济技术联系，即部门之间相互依存和相互制约关系的强弱。

直接消耗系数的计算方法为：用第 j 产品（或产业）部门的总投入 X_j 去除该产品（或产业）部门生产经营中直接消耗的第 i 产品部门的货物或服务的价值量 x_{ij}，用公式表示为：

---

① 赵敏. 河北省金融服务业发展路径研究［D］. 石家庄：河北经贸大学，2011.

$$a_{ij}=\frac{x_{ij}}{X_j}(i, j=1, 2, \cdots, n) \tag{10-4}$$

式中，a_{ij} 为直接消耗系数，是 j 部门单位总产出对 i 部门产品的直接消耗量；x_{ij} 是 j 部门为获得当期总产出而对 i 部门的消耗量；X_j 为 j 部门的总产出。a_{ij} 是生产过程中，产出与直接消耗之间的线性比例关系，在本研究中可以用于反映电子商务产业对上游产业群的直接消耗情况，可以用来测度电子商务产业对后向产业群的直接依赖关系大小，量化了电子商务产业的后向直接关联效应。

10.3.2 完全消耗系数

完全消耗系数，通常记为 $b_{ij}(i, j=1, 2, \cdots, n)$，是指第 j 产品部门每提供一个单位最终使用时，对第 i 产品部门货物或服务的直接消耗和间接消耗之和。利用直接消耗系数矩阵 A 计算完全消耗系数矩阵 B 的公式为：

$$B=(I-A)^{-1}-I \tag{10-5}$$

在完全消耗系数矩阵中，矩阵 $(I-A)^{-1}$ 为列昂惕夫逆矩阵，记为 $\bar{B}$，I 是单位矩阵。其元素 $\bar{b}_{ij}(i, j=1, 2, \cdots, n)$ 为列昂惕夫逆系数，它表明第 j 部门增加一个单位最终使用时，对第 i 产品部门的完全需要量。

10.3.3 直接分配系数

直接分配系数是第 i 部门产品分配给 j 部门作为中间产品使用的数量占该种产品总产出量的比例，某产业的直接分配系数越大，说明其他产业对该产业的直接需求越大，其直接供给推动作用越明显。用计算公式表示：

$$r_{ij}=\frac{x_{ij}}{X_i}(i, j=1, 2, \cdots, n) \tag{10-6}$$

式中，r_{ij} 为 i 产品对 j 部门的分配系数；x_{ij} 为 i 产品分配给 j 部门作为中间产品使用的数量；X_i 为 i 产品的总产出量。直接分配系数描述国民经济各部门提供的货物和服务（包括进口）在各中间使用之间的分配使用比例。可以利用电子商务产业的直接分配系数量化其前向直接关联效应。

10.3.4 完全分配系数

完全分配系数是一个从产出方向分析产业之间的直接和间接技术经济联系的指标，其经济含义是：某产业或部门每一个单位总产出通过直接和间接联系需要向另一个产业提供的分配量。完全分配系数是 i 部门单位总产出直接分配和全部间接分配（包括一次间接分配，二次间接分配，……，多次间接分配）给 j 部门的数量，是 i 部门对 j 部门的直接分配系数和全部间接分配系数之和。它反应 i 部门对 j 部门直接和通过别的部门间接的全部贡献程度。利用直接分配系数矩阵 R 计算完全分配系数矩阵 D 的公式为：

$$D = (I - R)^{-1} - I \tag{10-7}$$

其中 I 为单位矩阵。直接分配系数 r_{ij} 仅反映了两个部门（或产品）之间的直接分配关系，完全分配系数 d_{ij} 中表现了两个部门（或产品）的全部分配关系，既有两个产品间的直接分配关系，同时又有通过各产品（中间产品）传递的全部间接分配关系。可以利用电子商务产业的完全分配系数量化其前向完全关联效应。

10.3.5 影响力系数

影响力系数是反映国民经济某一部门增加一个单位最终使用时，对国民经济各部门所产生的生产需求波及程度。影响力系数 F_j 的计算公式为：

$$F_j = \frac{\sum_{i=1}^{n} \bar{b}_{ij}}{\frac{1}{n}\sum_{i=1}^{n}\sum_{j=1}^{n} \bar{b}_{ij}} \quad (j = 1, 2, \cdots, n) \tag{10-8}$$

其中，$\sum_{i=1}^{n} \bar{b}_{ij}$ 为列昂惕夫逆矩阵的第 j 列之和，表示 j 部门增加一个单位最终产品，对国民经济各部门产品的完全需要量；$\frac{1}{n}\sum_{i=1}^{n}\sum_{j=1}^{n} \bar{b}_{ij}$ 为列昂惕夫逆矩阵的列和的平均值。

当 $F_j > 1$ 时，表示第 j 部门的生产对其他部门所产生的波及影响程度超过社会平均影响水平（即各部门所产生波及影响的平均值）；当 $F_j = 1$ 时，表示第 j 部门的生产对其他部门所产生的波及影响程度等于社会平均影响水平；当 $F_j < 1$ 时，表示第 j 部门的生产对其他部门所产生的波及影响程度低于社会平均影响水平。显然，影响力系数 F_j 越大，表示第 j 部门对其他部门的拉动作用越大。

10.3.6　感应度系数

感应度系数是反映国民经济各部门均增加一个单位最终使用时，某一部门由此而受到的需求感应程度。感应度系数 E_i 计算公式为：

$$E_i = \frac{\sum_{j=1}^{n} \bar{b}_{ij}}{\frac{1}{n}\sum_{i=1}^{n}\sum_{j=1}^{n} \bar{b}_{ij}} \quad (i = 1, 2, \cdots, n) \tag{10-9}$$

其中，$\sum_{j=1}^{n} \bar{b}_{ij}$ 为列昂惕夫逆矩阵的第 i 行之和，反映当国民经济各部门均增加一个单位最终使用时，对 i 部门的产品的完全需求；$\frac{1}{n}\sum_{i=1}^{n}\sum_{j=1}^{n} \bar{b}_{ij}$ 为列昂惕夫逆矩阵的行和的平均值，反映当国民经济各部门均增加一个单位最终使用时，对全体经济部门产品的完全需求的均值。

当 $E_i > 1$ 时，表示第 i 部门受到的感应程度高于社会平均感应度水平（即各部门所受到的感应程度的平均值）；当 $E_i = 1$ 时，表示第 i 部门受到的感应程度等于社会平均感应度水平；当 $E_i < 1$ 时，表示第 i 部门受到的感应程度低于社会平均感应度水平。

10.4 研究对象及数据来源

本书数据来自于中国统计局公布的《中国投入产出表》。在投入产出表 135 部门分类中并没有电子商务产业这一独立的产业，经国标 GB4754-2011 分类对比和分析，本研究认为电信和其他传输服务业、计算机服务业的主流是电子商务产业，电子商务是由这两个产业作为主导支撑的。在电子商务中，尤其是在利用互联网进行网络购物并以银行卡付款的消费方式已日渐流行，对应的物流过程必不可少，因而包含快递服务的邮政业对电子商务有重要的推动作用；软件业和通信设备制造业虽然不能直接约束电子商务产业的发展，但一款优良的软件或通信设备却能很大程度上提高电子商务的效率，尤其是两者的结合——如手机服务终端，方便、快捷，更符合市场的需要。最后，电子计算机制造业、电子元器件制造业为电子商务活动提供了重要的基础设施。因此本研究对电子商务的产业发展从这七个产业入手，即电信和其他传输服务业、计算机服务业、邮政业、软件业、通信设备制造业、电子计算机制造业和电子元器件制造业。这七个产业的集合作为电子商务的产业集群，是电子商务发展的新模式。这七个产业虽然不能充分代表电子商务集群，但是至少已经涵盖了其主流，具有一定的代表性。

因此，这七个产业的发展能够反映电子商务的发展情况。

10.5　产业关联度实证分析

笔者利用上文构建的模型和收集到的数据进行了测算，得到了各直接消耗系数、完全消耗系数、直接分配系数、完全分配系数、影响力系数、感应度系数，以及产业约束路径和扩张路径。由于产业部门较多，本书只展示部分有效数据来进行关联度和波及效应两个方面的分析。

10.5.1　产业关联度分析

电子商务产业作为产业链中的一个部分，既是要素的供给者，又是市场的需求方。作为供给者，它通过向其他产业提供要素的投入（金融产品和服务的提供）来确立自己在产业链中的地位；而作为需求方，它则通过对其他产业产出的消费来显示其在产业链中的作用。在依存度的基础上，本文计算出了电子商务产业直接消耗系数和直接分配系数，如表 10-1 和表 10-2 所示。通过这两个系数可以看出电子商务产业与下游行业、上游行业的关联程度。

直接消耗系数的大小可以描述其他产业为目的产业所消耗的程度，数值越大，说明其消耗程度越大。从表 10-1 可以看出，对通信设备制造业投入较大的有电子元器件制造业，其自身产业，塑料制品业，电线、电缆、光缆及电工器材制造业，批发零售业等。通信设备制造业每产出 1 万元的通信设备产品，分别直接需要以上产业 3 070 元、1 653 元、519 元、513 元和 421 元的消耗；对电子计算机制造业投入较大的有电子元器件制造业、其自身产业、银行业、证券业和其他金融活动、批发零售业、塑料制品业等；电子元器件制造业的生产需要投入最多的是其自身产业，其直接消耗系数是 0. 409 3，而其他产业均在 0. 05 以下，比如专用化学产品制造、金属制品和冶炼等，这说明该产业的生产主要需要其自身产品的投入；邮政业需要投入较大的有其他交通运输设备制造业、批发零售业、航空运输业、其自身产业等，可见邮政业的投入来自于交通运输方面，包括运输业本身和交通工具的制造；各产业对电信和其他信息传输服务业的直接消耗系数除了电线、电缆、光缆及电工器材制造业，均在 0. 05 以下。可见该产业对其他产业原材料的需求比较均匀，没有特别的侧重，其他产业的投入都有需要，如通信设备制造业，批发零售业，电力、热力的生产和供应业，其他电器机械及器材制造业等；计算机服务业是指为满足使用计算机或信息处理的有关需要而提供软件和服务的行业，是一种不消耗自然资源、无公害、附加价值高、知识密集的新型行业，从表 10-1 可以看出为了满足该行业的需求，只要需要提供硬件基础设施的电子计算机制造业、通信设备制造业以及提供软件基础的电信和其他信息传输服务业；软件业，顾名思义，是生产或制造软件的产业，理所应当地需要电信和其他服务信息传输服务业、电子计算机制造业等的投入，但在表 10-1 中可见对其投入贡献最大的是商务服务业。分析现状，其原因是软件业的发展需要企业管理、广告宣传等附加的价值，可见中国的软件制造或开发的质量还有待提高。最后，从表 10-1 中可见，与电子商务产业有关的这七个行业，其投入影响较大的产业中除了与电子产品有关的产业以外，还有批发零售业，说明现在的电子商务的发展中批发零售也占有重要地位。

表10-1　电子商业相关产业的直接消耗系数排名前10的产业部门

通信设备制造业		电子计算机制造业		电子元器件制造业		邮政业		电信和其他信息传输服务业		计算机服务业		软件业	
直接消耗系数	排名前10的部门	直接消耗系数	排名前10的部门	直接消耗系数	排名前10的部门	直接消耗系数	排名前10的部门	直接消耗系数	排名前10的部门	直接消耗系数	排名前10的部门	直接消耗系数	排名前10的部门
0.307 0	电子元器件制造业	0.451 9	电子元器件制造业	0.409 3	电子元器件制造业	0.073 6	其他交通运输设备制造业	0.059 9	电线、电缆、光缆及电工器材制造业	0.144 2	电子计算机制造业	0.084 6	商务服务业
0.165 3	通信设备制造业	0.193 0	电子计算机制造业	0.038 1	专用化学产品制造业	0.059 3	批发零售业	0.037 4	通信设备制造业	0.060 2	电信和其他信息传输服务业	0.076 9	电信和其他信息传输服务业
0.051 9	塑料制品业	0.032 3	银行业、证券业和其他金融活动	0.038 1	金属制品业	0.055 5	航空运输业	0.030 2	批发零售业	0.050 4	通信设备制造业	0.064 4	电子计算机制造业
0.051 3	电线、电缆、光缆及电工器材制造业	0.026 5	批发零售业	0.031 6	有色金属冶炼及合金制造业	0.034 0	邮政业	0.027 7	电力、热力的生产和供应业	0.044 8	印刷业和记录媒介的复制业	0.057 5	印刷业和记录媒介的复制业
0.042 1	批发零售业	0.017 3	塑料制品业	0.026 2	塑料制品业	0.033 8	石油及核燃料加工业	0.020 2	其他电气机械及器材制造业	0.043 1	房地产业	0.042 9	房地产业
0.036 4	其他通用设备制造业	0.014 4	金属制品业	0.025 7	有色金属压延加工业	0.031 6	建筑业	0.020 1	商务服务业	0.027 3	商务服务业	0.033 5	银行业、证券业和其他金融活动
0.024 1	金属制品业	0.009 4	其他电气机械及器材制造业	0.022 5	电力、热力的生产和供应业	0.025 7	道路运输业	0.013 2	房地产业	0.027 3	汽车制造业	0.031 7	航空运输业
0.021 3	商务服务业	0.009 4	软件业	0.022 0	玻璃及玻璃制品制造业	0.024 3	商务服务业	0.012 5	电信和其他信息传输服务业	0.024 5	计算机服务业	0.019 9	计算机服务业
0.014 7	研究与试验发展业	0.008 0	其他电子设备制造业	0.020 7	批发零售业	0.022 1	印刷业和记录媒介的复制业	0.010 8	仪器仪表制造业	0.024 0	批发零售业	0.018 5	住宿业
0.013 6	其他电气机械及器材制造业	0.007 6	造纸及纸制品业	0.012 7	基础化学原料制造业	0.014 1	电力、热力的生产和供应业	0.008 9	其他服务业	0.018 2	航空运输业	0.016 7	餐饮业

直接消耗系数分析的是其他产业对电子商务产业发展的影响，而直接分配系数则量化了电子商务产业集群的产出对其他产业的分配情况，可比较分析其他产业的生产对电子商务产业的依赖程度。表 10-2 列举了电子商业相关产业的直接分配系数排名前 10 的产业部门。对于通信设备制造业，其产出主要流向了其本身产业、电信和其他信息传输服务业、电子计算机制造业、计算机服务业、其他交通运输设备制造业。与此分配结构类似的还有电子元器件制造业，其分配去向主要有电子计算机制造业、其本身产业、通信设备制造业、家用视听设备制造业等。这两个方面产出产品主要都应用在其本身和与其本身相关或相近的产业里，而被应用在其他领域的较少，如交通、文化等。而电子计算机制造业的产出不仅会反过来为其自身产业提供发展需求，而且还被应用在商务服务业、公共管理等，这是电子计算机发展到一定程度后必然会出现的现象，另外软件的制造必不可少地需要电子计算机。邮政业被主要应用到了公共管理和社会服务、教育保险、金融活动等领域。电信和其他信息传输服务业的流向主要包括公共管理和社会组织、批发零售业、保险业等。计算机服务业的产出被应用到了金融行业，保险业，电力、热力的生产和供应，电信和其他信息传输服务业等，可见其不仅在第三产业发展，而且在第二产业也有较好的发展前景。在软件业的直接分配系数中，只有电子计算机制造业和其本身产业的系数不为 0，且数值悬殊大，因为软件的生产大多在电子计算机上使用，还有极少部分会再次被软件业使用而再生产更多更高端的软件。另外，软件被极少运用在其他产业，至少基本不会直接运用在其他产业，而是需要结合电子计算机或通信设备等才能发挥其在其他领域的价值，因此表中的数据是合理可信的。

表10-2　电子商业相关产业的直接分配系数排名前10的产业部门

通信设备制造业		电子计算机制造业		电子元器件制造业		邮政业		电信和其他信息传输服务业		计算机服务业		软件业	
直接分配系数	排名前10的部门	直接分配系数	排名前10的部门	直接分配系数	排名前10的部门	直接分配系数	排名前10的部门	直接分配系数	排名前10的部门	直接分配系数	排名前10的部门	直接分配系数	排名前10的部门
0.165 3	通信设备制造业	0.193 0	电子计算机制造业	0.472 3	电子计算机制造业	0.188 2	公共管理和社会组织	0.121 8	建筑业	0.103 8	银行业、证券业和其他金融活动	0.098 9	电子计算机制造业
0.035 4	电信和其他信息传输服务业	0.062 7	商务服务业	0.409 3	电子元器件制造业	0.061 1	教育	0.043 6	公共管理和社会组织	0.052 3	保险业	0.000 4	软件业
0.010 1	电子计算机制造业	0.013 3	公共管理和社会组织	0.185 0	通信设备制造业	0.040 7	保险业	0.041 5	有色金属冶炼及合金制造业	0.041 9	电力、热力的生产和供应业	0.000 0	计算机服业
0.006 2	计算机服务业	0.010 3	计算机服务业	0.121 9	家用视听设备制造业	0.037 5	银行业、证券业和其他金融活动	0.040 1	批发零售业	0.029 3	电信和其他信息传输服务业	0.000 0	农业
0.005 6	其他交通运输设备制造业	0.006 1	软件业	0.045 0	文化、办公用机械制造业	0.034 0	邮政业	0.026 0	保险业	0.026 8	电子元器件制造业	0.000 0	林业
0.004 9	船舶及浮动装置制造业	0.006 1	专业技术服务业	0.040 8	仪器仪表制造业	0.033 6	其他通用设备制造业	0.021 8	教育	0.026 4	软件业	0.000 0	畜牧业
0.004 2	雷达及广播设备制造业	0.003 9	建筑业	0.039 3	家用电力和非电力器具制造业	0.032 3	住宿业	0.020 9	水上运输业	0.024 5	计算机服务业	0.000 0	渔业
0.003 2	其他服务业	0.003 5	通信设备制造业	0.037 5	输配电及控制设备制造业	0.031 8	医药制造业	0.013 3	钢压延加工业	0.022 3	工艺品及其他制造业	0.000 0	农、林、牧、渔服务业
0.001 5	房地产业	0.003 4	其他专用设备制造业	0.034 1	雷达及广播设备制造业	0.031 8	批发零售业	0.017 9	电力、热力的生产和供应业	0.020 3	纺织服装、鞋、帽制造业	0.000 0	煤炭开采和洗选业
0.001 1	装卸搬运和其他运输服务业	0.003 2	教育	0.026 3	其他电气机械及器材制造业	0.027 0	纺织服装、鞋、帽制造业	0.017 9	银行业、证券业和其他金融活动	0.020 0	汽车制造业	0.000 0	石油和天然气开采业

10.5.2 波及效果分析

当某一个部门的产出增加一个单位时，为了满足其生产，国民经济的各个部门都会受到需求影响，此为拉动效应，即拉动了国民经济的发展。影响力系数则反映了国民经济某一部门增加一个单位最终使用时，对国民经济各部门所产生的生产需求波及程度。表 10-3 显示了本研究所涉及的七个部门的影响力系数在所有产业中的排名。

对应地，面对国民经济各个部门的最终需求都增加一个单位时，每一个部门也总会在总产出方面做出反应，但是不同的部门反应程度是不一样的。本书将感应度作为衡量这一现象的指标进行了分析。表 10-3 也显示了本研究所涉及的七个部门的感应度系数在所有产业中的排名。

表 10-3　　电子商务相关产业的影响力系数和感应度系数以及在所有产业中的排名

产业名称	影响力系数	排名	感应度系数	排名
通信设备制造业	1.338 3	3	0.543 2	85
电子计算机制造业	1.368 3	1	0.958 6	38
电子元器件制造业	1.270 7	9	3.731 2	5
邮政业	0.823 2	111	0.424 5	111
电信和其他信息传输服务业	0.672 9	126	0.967 9	37
计算机服务业	1.004 4	71	0.449 3	102
软件业	0.888 6	99	0.333 4	134

从表 10-3 中可见，只有通信设备制造业、电子计算机制造业、电子元器件制造业的影响力系数是在 135 个产业中的前十，说明其生产变动对国民经济的波及效应很大，尤其是电子计算机制造业排名第一。可见随着电子计算机的发展，它被广

泛应用在各行各业，不仅是人民生活需要它，人类生产管理活动中它也必不可少，其在国民经济的生产发展中尤为重要。而邮政业、电信和其他信息传输服务业、计算机服务业、软件业的影响力系数排名却很靠后，可见其对国民经济发展还不敏感，至少效果还不够明显。

而从感应度系数来看，若国民经济各部门最终需求都增加一个单位，对目的部门需求程度各有不同，而以上七个部门中只有电子元器件制造业在这方面的排名靠前，排在第五位，而其他大多排名靠后，尤其是软件业，排在倒数第二。通信设备制造业、电子计算机制造业、邮政业、电信和其他信息传输服务业、计算机服务业和软件业的感应度系数均小于 1，说明电子商务产业对社会生产的拉动影响程度小于社会平均水平。从这个角度来说，电子商务产业的发展还比较独立，该部门受其他部门的需求感应程度较低，国民经济发展对该产业的拉动作用也较小。

从电子商务各相关产业的影响力系数和感应度系数可以看出，电子商务产业对国民经济的推动作用大于金融服务业对国民经济的拉动作用。国民经济整体发展到一定程度才能使电子商务有进一步的发展，而电子商务却没有被很好地运用在其他部门。因此，电子商务产业还有很大的发展空间，任何没有应用电子商务产业的部门都因此而拥有更大的商机，只有电子商务产业主动结合更多其他未涉猎的部门，电子商务产业高效、方便的特点才能得到体现，也能使国民经济更上一层楼。这也是电子商务产业发展路径的新方向。

10.6　电子商务产业路径选择

对于电子商务产业的发展路径，本书通过约束路径和扩张路径两个方面，通过计算 s_{ij} 和 l_{ij}，并且剔除无效数据，通过比较 $\min\limits_{i=1}^{n}(s_{ij})$ 和 $\max\limits_{j=1}^{n}(l_{ij})$，可以判断出保证电子商务产业良好发展前景的约束产业和扩张产业。如表 10-4 列举了电子商务各相关产业各自的约束路径和扩张路径，表中只列举了影响效果较强的前 5 个产业。图 10-5 则直观地描述了电子商务产业的发展路径框架模型。

表 10-4 电子商务各相关产业的约束路径和扩张路径的选择

通信设备制造业		电子计算机制造业		电子元器件制造业		邮政业	
约束路径	扩张路径	约束路径	扩张路径	约束路径	扩张路径	约束路径	扩张路径
其他电气机械及器材制造业	石油及核燃料加工业	雷达及广播设备制造业	农业	软件业	房地产业	仓储业	石油及核燃料加工业
有色金属压延加工业	合成材料制造业	通信设备制造业	石油及核燃料加工业	电子计算机制造业	水上运输业	农业	炼钢业
玻璃及玻璃制品制造业	卫生	电机制造业	炼钢业	通信设备制造业	航空运输业	专用化学产品制造业	旅游业
有色金属冶炼及合金制造业	植物油加工业	其他电子设备制造业	有色金属压延加工业	其他电子设备制造业	旅游业	起重运输设备制造业	植物油加工业
输配电及控制设备制造业	饲料加工业	研究与试验发展业	畜牧业	电子元器件制造业	仓储业	日用化学产品制造业	卫生

电信和其他信息传输服务业		计算机服务业		软件业	
约束路径	扩张路径	约束路径	扩张路径	约束路径	扩张路径
其他交通运输设备制造业	电线、电缆、光缆及电工器材制造业	文化、办公用机械制造业	渔业	通信设备制造业	计算机服务业
邮政业	植物油加工业	其他电气机械及器材制造业	旅游业	家用电力和非电力器具制造业	软件业
航空运输业	汽车制造业	电线、电缆、光缆及电工器材制造业	城市公共交通业	电子计算机制造业	电子计算机制造业
建筑业	铁路运输设备制造业	家用视听设备制造业	商务服务业	计算机服务业	
其他专用设备制造业	电机制造业	其他服务业	燃气生产和供应业	汽车制造业	

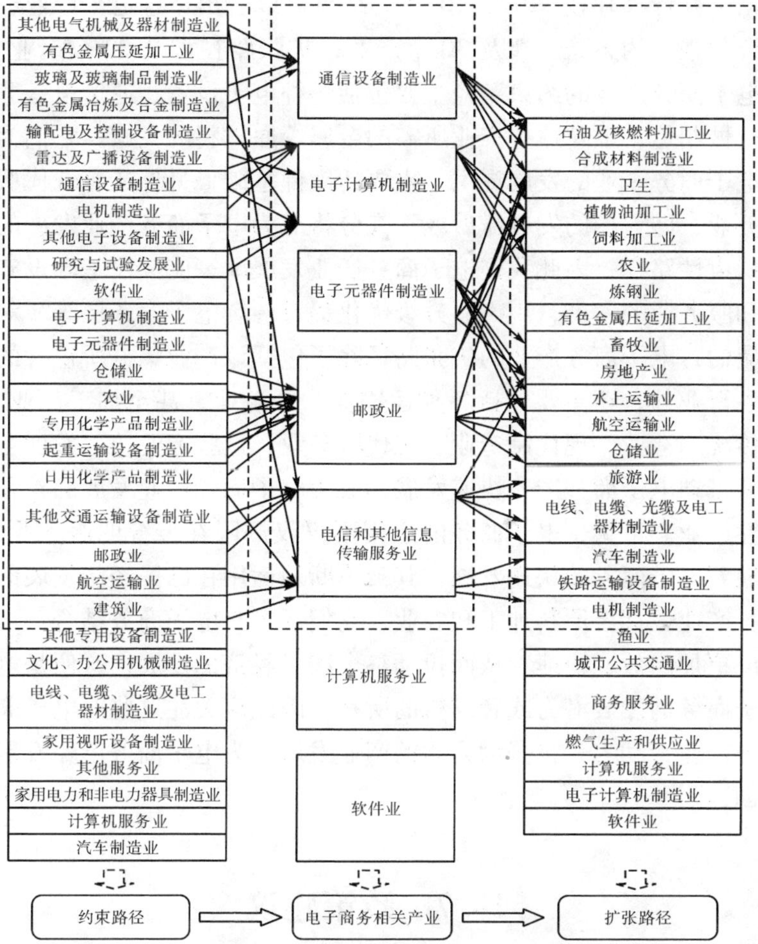

图 10-5　电子商务产业发展路径选择

本研究结合研究目的和现有资料，选择将电信和其他传输服务业、计算机服务业、邮政业、软件业、通信设备制造业、子计算机制造业和电子元器件制造业这七个产业的集合作为电子商务的产业集群来进行研究。这七个产业的约束和扩张影响产业综合起来便可以作为电子商务产业的发展路径。利用数据，并计算建模，从图 10-5 的结果可以看出，这七个产业综合起来，约束路径涉及 30 个产业，扩张路径涉及 22 个产业。电子商务产业的约束路径主要包括各种电子设备、通信设备和机械制造，以及这些产业所需的金属等原材料的生产，它们为电子商务产业的发展提供了重要的硬件基础，另外还有现代服务业，即它们的发展滞后或不充分将成为电子商务产业发展的约束性路径，因此我国电子商务产业发展政策应关注基础设施和服务业的发展，用产业升级优化提升传统电子商务层级。对应的，电子商务产业的扩张路径除了包括该产业集群所包含的各行业外，还主要包括各种运输业、旅游业，甚至加工产业、传统制造业、现代制造业、现代服务业，这些产业快速发展容易带动电子商务产业快速发展，成为电子商务产业发展的扩张性产业。可见，电子商务的运用不仅仅局限在传统的服务业，随着电子商务的快速发展，其被不断地运用在国民经济发展的各产业，甚至原料加工和农业，它们通过与电子商务结合，可以更加高效、快捷，从而拉动整个国民经济的发展，这便是电子商务的发展潜力或者商机的所在。因此应关注这些对电子商务产业带动力、扩张潜力大的产业发展，为电子商务产业发展创造引擎。

10.7 政策建议

通过本章建立的电子商务产业发展路径，形成了电子商务未来复杂的产业链。但是仅仅通过产业结构改善来发展电子商务是不够的，还应该改善其外部环境和内部因素。本书对此提出了如下政策建议：

10.7.1　建立公平、公正的电子商务法律系统

对于新兴的电子商务产业，国家应该出台可操作的电子商务法以及电子商务贸易相关的法律、法规。没有可行的法律、法规的限制，仅仅靠现有经济法、合同法等法律的约束是远远不能符合电子商务产业的特点的。我国电子商务法律体系应该既要符合我国电子商务产业的实际要求，又要能和国际电子商务接轨。借鉴欧盟和美国的立法，在侧重保护消费者权益的前提下，兼顾经营商合法权益的保护，维护和促进电子商务的发展。电子商务法律、法规必须具有能够规范交易程度和行为、保障公平交易和安全、明确规定电子商务违法犯罪行为的法律责任等，使得规范电子商务产业有法可依，为电子商务产业的发展提供可靠、安全的法律保障和外部环境。2012 年 3 月 14 日，国家工商行政管理总局出台了《关于加强网络团购经营活动管理的意见》，以规范网络团购市场经营秩序，维护网络消费者和经营者的合法权益。同年 3 月 16 日，商务部有关负责人透露，2012 年将逐步出台网络交易系列规章来规范电子商务市场。包括此前就已酝酿多时的《网络零售管理条例》和《关于保护网上商业数据的指导办法》《网上交易小额争端解决办法》等法律规章将于年内制定和发布。同年 10 月 3 日，央行发布《支付机构预付卡业务管理办法》，办法规定购买和为预付卡充值均要实名制；禁止使用信用卡购买预付卡和为预付卡充值。这都说明，我国正在努力建设公平、公正的电子商务法律体系，为电子商务产业的发展提供保障。

10.7.2　建立诚信第三方支付平台，完善诚信体制，建立社会信用体系

电子商务与传统商务最大的区别就是其交易方式多样化，既存在线上交易，又存在线下交易。线上交易就必须存在一个

可靠的第三方支付平台，通过其监督与管理使得卖家与买家达到共赢的目的。要解决电子商务的信用问题不仅是要求电子商务网站应该遵循信用原则，还得要为电子商务交易的各方参与者建立必要的、适合电子商务特征的诚信体系。支持发展第三方支付平台有助于建设一个全面维护各方参与者的机构或者组织，从而促进社会诚信体系建设。我国就促进第三方平台建设做出了一定的努力：2012 年 2 月 5 日，淘宝网宣布，斥资 1 亿元打造的我国首个网购维权平台——淘宝消费者维权保障平台，将于春节后正式上线。同年 6 月 28 日，央行在其网站上公布了 2012 年第一批支付牌照名单，这是自 2011 年 5 月 26 日以来，央行第四次向第三方支付企业发放《支付业务许可证》，至此央行共发放 196 张第三方支付牌照。

10.7.3　提高物流效率

电子商务的发展离不开物流的发展。电子商务是由信息流、商流、物流和资金流组成的，物流作为其重要组成部分，严重影响电子商务发展速度的快慢。电子商务越来越普遍，物流的发展如果不进行新的改进，则会制约电子商务的发展。因此，提高物流的管理水平与速度，降低物品递送成本，提高递送效率，让物流过程透明化、安全化是物流行业改善的重点，让用户体会到物流的方便、快捷和安全是物流行业所需要改善的，国家应该鼓励国内企业与国外、境外物流企业开展各种形式的合资、合作，积极发展第三方物流，逐步建立起全国现代物流配送体系。2012 年 3 月 19 日，支付宝启动物流 POS 战略，未来 3 年内将投入 6 万台 POS 机，帮助中国电子商务的货到付款模式全面从付现金过渡到支付宝 POS 刷卡阶段。支付宝的这一行动让物流信息以及物流收费方式大大改善，也让用户感觉到切实的方便与安全。

10.7.4　加强人才培养

在电子商务快速发展的背景下，人才与诚信、物流一起成为影响电商产业发展的三大瓶颈。虽然我国现在电子商务人才的培养正在加速发展，然而其仍然追赶不上电商产业对人才的需求，而且每年都有大批的电商人才转行到其他行业，放弃电子商务。这些普遍的原因造成了电子商务产业人才的匮乏。电子商务的急速扩张以及人才的流动性让人才成为了制约电子商务产业发展的主要因素之一。为了缓和电商产业人才匮乏的局面，国家应该出台相应的政策来促进电商人才的培养以及为电商人才提供相应的福利，使得人才流向电商产业。

一些电商企业已经意识到了人才的重要性。例如，2012 年 3 月 9 日，阿里巴巴集团宣布了组织人才上的两大举措：一是全集团 21 名中高层管理干部轮岗；二是全年只净增 200 人。这样不仅保持了人才的积极性，还保证了招收人才的质量，从而提高人才在电商发展中的作用。诸如此类的措施和政策有利于电商产业的人才培养，是值得肯定和推广的。

10.7.5　大力发展移动商务

移动电子商务主要是指利用无线网络进行电子商务活动，通过手机、PDA、笔记本电脑、掌上电脑相关移动通信设备，与互联网进行有机结合。灵活、简便是移动电子商务的主要特点，它可以满足应用者个性化的消费需求，用户足不出户就能够办理自己所需要的娱乐、信息、服务和应用。同时电子商务具有相对安全的身份识别系统，移动设备通常都拥有特殊的身份验证信息，这使得安全交易能够得到保障。2012 年 7 月 8 日，国内团购行业五大网站与支付宝联合推出手机团购活动，用户在美团网、大众点评网等五家团购网站的手机客户端下单，均可以使用支付宝，并获得集分宝等奖品。同年 7 月 24

日，支付宝、分众传媒、聚划算联合宣布开启战略合作，联手进军 O2O 市场。业内分析认为，随着手机首次跃居中国网民第一大上网终端，基于移动互联网技术的线上、线下业务融合正在提速。这些事实都表明电子商务的重心正在向移动电子商务转移。在这个手机和移动设备充斥人们生活的时代，电子商务向移动商务发展的必要性是可想而知的，其与移动平台的联合能够促进电子商务实现质的发展。全球的信息化进程推动移动电子商务成为电子商务产业的一颗新星，移动电子商务对于我们来说不再只是一种时尚，而是与我们的生活密不可分的必需。

10.7.6 建立合理的风险管理制度

电子商务由于其特殊的性质，会产生比传统商务更大的风险，所以风险管理就成为电子商务产业所必须要注意的。电子商务风险包括商业风险、技术风险以及法律风险。规避电子商务风险不仅需要电子商务参与者熟悉电子商务环境，加强电子商务知识，更要求国家出台相应的法律，来避免电子商务中产生的风险问题。当然，对于电子商务的技术研究也是必不可少的，这就需要国家给予相应的优惠政策，加速电子商务技术研究。对于电子商务产业来说，建立合理的风险管理制度已经迫在眉睫。2012 年 6 月 6 日，阿里巴巴集团对外宣布，将在集团管理团队中设立首席风险官（Chief Risk Officer，简称 CRO）一职，原阿里集团秘书长邵晓锋出任该职务。这从某种层面上说明，很多电子商务参与者已经意识到风险管理开始成为电子商务交易中必须慎重考虑的问题。

10.7.7 加强电子商务税收管理与征收

随着越来越多的人加入电子商务的行列，电子商务的税收问题也成为了我国税收的严重问题。建立一个既要保障纳税公平，又要促进电子商务产业迅速发展的税收制度就成为我国电子商务所面对的一个重大问题。首先，关于电子商务产业的税收制度空白，并没有成文的税收制度来制约电子商务行业的税收问题，互联网为企业提供的高科技手段在某种程度上成为了企业的避税手段，如何确认课税主题、课税客体、明确课税地点以及课税方式，就成为我国建立电子商务税收制度的现实问题；其次，税收征管乏力，电子商务的发展使税收课税权力受到侵犯，使税收征管和稽查困难重重，由于电子信息技术的发展，使得税收征收方式随之落后，造成税收资料无法搜集，避税、逃税行为严重的问题。2012 年 8 月 25 日，国家税务总局网站发布《网络发票管理办法》（征求意见稿），拟将“力争 3 年内把电子发票推广至全国”以规章形式颁布实施。2012 年 9 月 25 日，国家发改委公布了电子商务政策类和市场应用类项目，重庆市地税局申报的《重庆市网络（电子）发票试点工作方案》获得政策类试点立项等措施都是加强电子商务产业税收征收的措施。

10.8　总结与展望

本章通过约束路径和扩张路径两个方面的分析，计算了完全消耗系数与直接消耗系数的比值（s_{ij}）和完全分配系数与直接分配系数的比值（l_{ij}），并且剔除无效数据，比较了约束路径选择指标（$\min_{i=1}^{n}(s_{ij})$）和扩展路径选择指标（$\max_{j=1}^{n}(l_{ij})$），可以判断出电子商务产业良好发展前景的约束产业和扩张产业。本研究选择将电信和其他传输服务业、计算机服务业、邮政业、软件业、通信设备制造业、计算机制造业和电子元器件制造业这七个产业的集合作为电子商务的产业集群来进行研究。这七个产业的约束路径和扩张路径综合起来便可以作为电子商务产业的发展路径，这七个产业综合起来，约束路径涉及30个产业，扩张路径涉及22个产业。直接影响效应来看，电子元器件制造业、通信设备制造业、塑料制品业、电线、电缆、光缆及电工器材制造业、批发零售业、电子计算机制造业、金融业、邮政和交通运输业、通信设备制造业、电子计算机制造业、通信设备制造业以及提供软件基础的电信和其他信息传输服务业等的投入，商务服务业等产业生产发展状况会直接影响电子商务产业发展；通信设备制造业、电信和其他信息传输服务业、电子计算机制造业、计算机服务业、其他交通运输设备制造业、电子元器件制造业、通信设备制造业、家用试听设备制造业、商务服务业、公共管理和社会服务、教育保险、金融活动等、批发零售业、保险业、金融行业、保险业、电力、热力的生产和供应等产业反过来对电子商务产业的直接依赖效应明显。电子商务产业的约束路径主要包括各种电子设备、通信设备和机械制造以及这些产业所需的金属等原材料的生产，他们为电子商务产业的发展提供了重要的硬件基础。

另外，现代服务业的发展滞后或不充分将成为电子商务产业发展的约束性路径，因此，我国电子商务产业发展政策应关注基础设施和服务业的发展，用产业升级优化提升传统电子商务层级。对应地，电子商务产业的扩张路径除了包括该产业集群所包含的各行业外，还主要包括各种运输业、旅游业，甚至加工原料加工产业、传统制造业、现代制造业、现代服务业，这些产业快速发展容易带动电子商务产业快速发展，成为电子商务产业发展的扩张性产业。可见，电子商务需要被不断地运用在国民经济发展的各产业，甚至原料加工和农业，由此它们才能通过与电子商务的结合，更加高效、快捷，从而拉动整个国民经济的发展，这便是电子商务的发展潜力或者商机的所在。关注电子商务产业带动力、扩张潜力大的产业发展，为电子商务产业发展创造引擎。

参考文献

[1] S. Subba Rao, Glenn Metts, Carlo A. Mora Monge. Electronic Commerce Development in Small and Medium Sized Enterprises : A Stage Model and Its Implications [J]. Business Process Management Journal, 2003 (1).

[2] Charles M. Wood. Marketing and E-commerce as Tools of Development in the Asia-Pacific Region: A Dual Path [J]. International Marketing Review, 2004 (3).

[3] Rajshekha G. Javalgi, James J, Patricia R. Todd, Robert F. Scherer. The Dynamics of Global E-commerce: An Organizational Ecology Perspective [J]. International Marketing Review, 2005 (4).

[4] Wong, Xiaodong, Yen, David C., Fang, Xiang. E-commerce Development in China and Its Implication for Business [J]. Asia Pacific Journal of Marketing and Logistics, 2004 (3).

[5] Chan, Busli, Al-Hawamdeh, Suliman. The Development of E-commerce in Singapore [J]. Business Process Management Journal, 2002 (3).

[6] 冯缨，徐占东. 我国中小企业实施电子商务关键影响因素实证研究 [J]. 软科学，2011 (3).

[7] 冯缨，赵喜仓. 中小企业电子商务发展路径模型研究 [J]. 科技管理研究，2009 (10).

[8] 杜勇，杜军，陈建英. 电子商务信息安全人员的素质测评指标体系 [J]. 系统工程理论与实践，2010 (10).

[9] 丁荣涛. 产业融合下的电子商务人才发展研究 [J]. 电子商务，2013 (2).

[10] 汪明峰，卢姗. B2C 电子商务发展的路径依赖：跨

国比较分析 [J]. 经济地理, 2009 (11).

[11] 李小东, 周文文, 陈远高. 传统信息服务商开展互联网电子商务的策略研究 [J]. 管理工程学报, 2001 (4).

[12] 邱均平, 宋恩梅. 论电子商务中的物流管理创新 [J]. 中国软科学, 2002 (4).

[13] 丁乃鹏, 黄丽华. 电子商务模式及其对企业的影响 [J]. 中国软科学, 2002 (1).

[14] 黄晓兰. 中小企业发展电子商务的对策研究——以义务市 Z 饰品厂为例 [J]. 科技管理研究, 2010 (2).

[15] 谭晓林, 周建华. 影响企业电子商务采纳的关键因素研究 [J]. 中国软科学, 2013 (1).

[16] 中国电子商务研究中心. 2012 年度中国电子商务市场数据监测报告 [R]. 杭州: 中国电子商务研究中心, 2012.

[17] 杨洋, 商思娥. 新时期我国电子商务发展的现状与对策研究 [J]. 中国电子商务, 2011 (6).

[18] 曹玫. 电子商务与立法 [J]. 电子商务世界, 2003 (8).

[19] 唐毅. 我国电子商务环境下的税收流失问题 [J]. 中国电子商务, 2011 (7).

[20] 中国电子商务研究中心. 2012 中国电子商务人才状况报告 [R]. 杭州: 中国电子商务研究中心, 2012.

[21] 赵敏. 河北省金融服务业发展路径研究 [D]. 石家庄: 河北经贸大学, 2011.

[22] 司增绰. 中国流通产业的关联效应与发展路径研究——以批发和零售业为例 [J]. 山东财经大学学报, 2013.

[23] 张哲. 基于食物网理论的交通运输业发展力研究 [J]. 公路交通科技, 2011.

[24] 陈玲. 现代商贸业的产业先导作用及创新发展路径 [J]. 城市问题, 2010 (10).

[25] 韩顺法. 文化产业对相关产业的带动效应研究 [J]. 商业经济与管理, 2012.

[26] 张强, 王娇阳. 移动电子商务的现状及发展趋势 [J]. 中国电子商务, 2012.